Helmut Dittrich
Arbeitszeugnisse schreiben und verstehen

Helmut Dittrich

Arbeitszeugnisse schreiben und verstehen

Standardformulierungen

Rechtsberatung

Checklisten

13., vollständig aktualisierte
und überarbeitete Auflage

Bibliografische Information der Deutschen Nationalbibliothek
Die Deutsche Nationalbibliothek verzeichnet diese Publikation in der Deutschen
Nationalbibliografie; detaillierte bibliografische Daten sind im Internet über
http://dnb.ddb.de abrufbar.

ISBN 978-3-89994-196-8

Der Autor: Helmut Dittrich kann auf drei Jahrzehnte Führungs-, Beratungs- und
Schulungstätigkeit in Handwerk, Handel und Industrie zurückblicken und ist bekannt durch eine Vielzahl von Fachzeitschriften- und Buchveröffentlichungen.

13., vollständig aktualisierte und überarbeitete Auflage

© 2008 humboldt
Ein Imprint der Schlüterschen Verlagsgesellschaft mbH & Co. KG,
Hans-Böckler-Allee 7, 30173 Hannover
www.schluetersche.de
www.humboldt.de

Autor und Verlag haben dieses Buch sorgfältig geprüft. Für eventuelle Fehler
kann dennoch keine Gewähr übernommen werden. Alle Rechte vorbehalten. Das
Werk ist urheberrechtlich geschützt. Jede Verwertung außerhalb der gesetzlich
geregelten Fälle muss vom Verlag schriftlich genehmigt werden.

Covergestaltung: DSP Zeitgeist GmbH, Ettlingen
Innengestaltung: akuSatz Andrea Kunkel, Stuttgart
Titelfoto: Panthermedia
Satz: PER Medien+Marketing GmbH, Braunschweig
Druck: Druckhaus „Thomas Müntzer" GmbH, Bad Langensalza

Hergestellt in Deutschland.
Gedruckt auf Papier aus nachhaltiger Forstwirtschaft.

Inhalt

Vorwort 10

1 Warum Arbeitszeugnisse so bedeutsam sind 12
   1.1 Zeugnisse bestimmen unser Leben! 12
   1.2 Das Zeugnis als Beurteilungsgrundlage 15
   1.3 Die Problematik von Aussage und Bedeutung 17
   1.4 Die Rolle des Arbeitszeugnisses bei Bewerbungen 19
   1.5 Muss man Form und Inhalt eines Arbeitszeugnisses akzeptieren? 26
   1.6 Was man über Arbeitszeugnisse wissen sollte 23
   Checkliste (A): Sind die wesentlichen Forderungen an ein Arbeitszeugnis bekannt? 25

2 Welche Arten von Arbeitszeugnissen gibt es? 28
   2.1 Das „einfache Arbeitszeugnis" und seine Aussagen 28
   2.2 Das „qualifizierte Arbeitszeugnis" und seine Besonderheiten 38
   2.3 Das Zwischenzeugnis 60
   2.4 Ausbildungszeugnisse 66
   2.5 Probezeitzeugnisse 71

2.6 Zeugnisse bei befristeten Arbeitsverhältnissen 75
2.7 Das tabellarische Arbeitszeugnis 76
Checkliste (B): Nach welchen Grundsätzen sind . . . . . .
                Arbeitszeugnisse zu beurteilen? 83

3 Hilfen zum Formulieren von Arbeitszeugnissen 87

  3.1 Grundsätzliche Fragen zum Einsatz von Formulierungsbausteinen 88
  3.2 Zusammenstellung der Beurteilungskriterien und Bausteine 89
  3.3 Das einfache Arbeitszeugnis aus Bausteinen . . 94
  3.4 Das qualifizierte Arbeitszeugnis aus Bausteinen 95
  3.5 Das Kernproblem: Die Beurteilung von Leistung und Verhalten 98
Checkliste (C): Wie sind Formulierungsbausteine einzusetzen und zu beurteilen? 112
  3.6 Musterzeugnisse aus Bausteinen 115

4 Berufstypische Beurteilungsmerkmale in Zeugnissen 128

  4.1 Die Beschreibung der Aufgaben als Beurteilung? 129
  4.2 Die Stellenbeschreibung als Grundlage für die Tätigkeitsbeschreibungen in Arbeitszeugnissen 131
  4.3 Muster einer Stellenbeschreibung 134

	4.4	Beurteilung der Stellenbeschreibung	135
	4.5	Beurteilungssysteme in den Unternehmen . . .	136
	4.6	Die Einarbeitung von Beurteilungsergebnissen früherer Zeiträume in Schlusszeugnisse	138
	4.7	Psychologische Probleme bei der Mitarbeiterbeurteilung	139
	4.8	Beurteilungsbogen zur Bewertung von Leistung und Verhalten	142
	Checkliste (D): Welche Aussage hat ein Arbeitszeugnis als Grundlage zur Bewerberauswahl? . . .		152

5 Gibt es Geheimcodes? 156

	5.1	„Vereinbarte" Formulierungen bei normalen Beurteilungen	157
	5.2	Formulierungen zur Beurteilung von Leistungen	159
	5.3	Zeugnisformulierungen in der Umschreibung, in der Aussage und im Klartext	160
	5.4	Die unterschiedlichen Interessen von Arbeitgeber und Arbeitnehmer	163
	5.5	Zeugnisformulierungen mit zweifelhaften Aussagen	164
	5.6	Beurteilungen, die im Zeugnis-Schlusssatz stecken	166
	5.7	Nicht Codes in ungeschickte Formulierungen hineinlesen!	167
	5.8	Klare Aussagen in Arbeitszeugnissen sind Karrierebausteine	168

6 Die Berücksichtigung rechtlicher Situationen bei der Ausstellung von Arbeitszeugnissen ... 169

6.1 Der Anspruch auf ein Arbeitszeugnis 169
6.2 Was ein Arbeitszeugnis enthalten darf und was es enthalten muss............... 170
6.3 Wann ein Arbeitszeugnis zu berichtigen ist .. 171
6.4 Die rechtliche Behandlung von Auskünften und Referenzen 172
6.5 Schadenersatz wegen unrichtiger oder unvollständiger Auskunft............ 173
6.6 Bewertung von Krankheiten, einmaligen Vorfällen, Straftaten 174
6.7 Tätigkeit als Arbeitnehmervertreter 175
6.8 Kündigungsgründe und Zeugnisaussage 175
6.9 Der Wortlaut der wichtigsten Berufszeugnisse betreffenden Paragraphen 177

Checkliste (E): Die wesentlichen Negativformulierungen und ihre mögliche Bedeutung 187

Checkliste (F): Welche Rechte hat der Arbeitnehmer bei der Ausstellung eines Arbeitszeugnisses? 189

Checkliste (G): Was muss ein Arbeitgeber bei der Ausstellung eines Arbeitszeugnisses beachten? 192

7 Wie man Arbeitszeugnisse liest – wie man Arbeitszeugnisse schreibt 195
    7.1 Worte auf die Goldwaage legen? 195
    7.2 Wer kennt schon alle verdeckten Aussagen? .. 196
    7.3 Die Grenzen des „Zwischen-den-Zeilen-Lesens" 197
    7.4 Erhaltene Zeugnisse rechtzeitig überprüfen .. 198
    7.5 Das eigene Zeugnis selbst entwerfen? 200
    7.6 Persönlichkeitsbeurteilungen sind oft falsch 201
    7.7 Die Wirkung neuer Lebens- und Arbeitskreise 202
    7.8 Wie weit Zeugnisse vernichten oder fördern können 204

8 Kleines Lexikon der Fachbegriffe aus dem Zeugniswesen 206

Register 122

Vorwort

Zeugnisse bestimmen unser Leben. Von ihrer Aussage hängt es ab, ob eine berufliche Laufbahn überhaupt erst begonnen werden kann, ob sie kontinuierlich einem Höhepunkt zustrebt. Nicht nur Noten in Zeugnissen von allgemein bildenden Schulen können Träume platzen lassen wie Seifenblasen, auch Formulierungen in Arbeitszeugnissen sind in der Lage, eine Karriere abrupt zu stoppen.

Dabei ist nicht sicher, dass derartige „Fallen" auch erkannt werden. Dieses Buch will deshalb nicht nur zeigen, warum Arbeitszeugnisse so wesentlich sind und welche Arten es gibt, sondern auf welche besonderen Aussagen man vor allem zu achten hat.

Eine Vielzahl von Musterarbeitszeugnissen mit Beurteilungen soll deutlich machen, worauf es ankommt. Ein System von „Zeugnisbausteinen" wird vorgestellt, um klarere Verhältnisse zu erreichen und auch Arbeitgebern zu helfen, mehr „Gerechtigkeit" in die Abstufungen zu bringen.

Besonders wesentlich ist es, die rechtlichen Möglichkeiten zu kennen, um sich vor zweifelhaften Aussagen in Arbeitszeugnissen zu schützen, beziehungsweise zu einem angemessenen, „wahren und wohlwollenden" Zeugnis zu kommen. Ein kleines Lexikon der Spezialbegriffe aus dem Zeugniswesen hilft, sich auch im Detail zurechtzufinden.

Mir ging es darum, ein Fachbuch für jeden vorzulegen, der Berufszeugnisse erhält oder schreibt. Meist mehrmals im Leben ist jede beruflich tätige Person von der Thematik betroffen – von denen, die irgendwo zwischen Hochschule und Lehre ausbilden oder ausgebildet werden, gar nicht zu reden.

Mit diesem Buch will ich dazu beitragen, dass in Zukunft klarere, verständlichere, ehrlichere und gerechtere Arbeitszeugnisse dem beruflichen Fortkommen dienen, es nicht blockieren.

Helmut Dittrich

1 Warum Arbeitszeugnisse so bedeutsam sind

Unser Leben ist von Zeugnissen begleitet. Erst von denen der Grundschule, dann vom Leistungsnachweis in weiterbildenden Schulen aller Art, von allgemeinen und beruflichen Bildungsstätten. In der Regel erfolgte die Beurteilung mit Zahlen, von 1 als bester bis zur 6 als schlechtester Einstufung. Dann kamen die beruflichen Zeugnisse, die mit wohlklingenden Formulierungen Qualifikationen und Verhaltensweisen beurteilen sollten. Die Erfahrung zeigt, dass man mit Worten leichter und schärfer urteilen und verurteilen kann.

In dieser „lückenlosen" Sammlung haben die Arbeitszeugnisse eine besondere Bedeutung. Von ihrem Inhalt hängen unser persönliches und berufliches Fortkommen, das erreichbare Image und Prestige, das zukünftige Einkommen und der Lebenserfolg ab.

1.1 Zeugnisse bestimmen unser Leben!

Es gibt keinen auch noch so kleinen Bereich, den Zeugnisse nicht irgendwann berühren. Einige wesentliche dieser „Funktionen" sind – wegen ihrer Bedeutung – herauszuheben:

1. Die *Rentenfunktion* bewirkt, dass durch den einmaligen Abschluss einer Prüfung das Lebenseinkommen bedeutend erhöht wird. Auch heute noch! Zu den Gehaltsdifferenzen kommen Vergünstigungen, Beihilfen, Umzugskostenerstattungen, Sicherheit des Arbeitsplatzes ohne Einbußen durch Stellenwechsel und Rezessionen, eine bessere Alters-

versorgung. Selbst Kinder und Enkel profitieren; nicht nur durch die Einkommen und Renten der Eltern und sich bildendes Vermögen, sondern auch durch die eindeutige Bevorzugung der Nachkommen von „Aufsteigern". Ein Praxiszeugnis einer renommierten Firma kann stärker als ein Examen wirken.

2. Die *Monopolisierungsfunktion* kann den Zugang zu einem Beruf oder einer Stufe in der Hierarchie versperren. So wirkt zum Beispiel der Numerus clausus, der mit hohen Notenanforderungen oder mit hoch geschraubten Eingangstests den Zugang zu einem Beruf gezielt beschränkt.

   Eine einzige Bemerkung kann in einem Arbeitszeugnis den Aufstieg, etwa in eine Führungs- und in eine Verkaufsbeziehungsweise Vertrauensposition, verwehren. Das war schon früher so. (Oft entscheidet die Aufnahme in eine Schule/Hochschule oder die Einstellung in einen Betrieb über die weiteren Möglichkeiten.) Ein Satz im Arbeitszeugnis kann Träume platzen lassen.

3. Die *Laufbahnfunktion* von Zeugnissen bewirkt Schichtungen – zum Beispiel in Arbeitsplatzinhaber und Arbeitslose, in Aufsteiger und solche, die auf der Stelle treten oder zurückfallen. Auch in der Privatwirtschaft gibt es einen „unteren, mittleren, gehobenen und höheren Dienst". Eingestuft wird man durch das Examenszeugnis einer Schule oder ein Arbeitszeugnis, das eine Qualifikation bescheinigt. Auch hier geht die Wirkung bis in die nächste Generation. Eltern mit einem Elite-Beruf können den Aufstieg ihres Nachwuchses bedeutend beschleunigen. Berufszeugnisse können einem „Hochdienen" den Weg bereiten.

4. Die *tarifpolitische Funktion* von Zeugnissen ist in allen Bereichen von großer Bedeutung, vor allem im Bereich von Fach- und Hilfsarbeit. Ein „erlernter" Beruf ermöglicht eine Berufsunfähigkeitsrente, der Hilfsarbeiter hat nur einen Anspruch auf eine Erwerbsunfähigkeitsrente, die geringer ist. Er muss jede Tätigkeit annehmen. Nur wer einen Beruf hat, der kann an einer Umschulungsmaßnahme teilnehmen; nur dem „Gelernten" werden bei der Rentenberechnung Ausfallzeiten angerechnet. Zu höheren Löhnen kommen Vorteile im Urlaubs- und Weihnachtsgeld; die Rentenanwartschaft steigt. Zur Qualifikation führen wieder Schul- und Berufszeugnisse.

5. Die *Disziplinierungsfunktion* von Zeugnissen reicht von der Schule bis zum Ende des Berufslebens. Wer Beurteilungen abgeben kann, der übt Macht aus, Macht über andere Menschen. Er kann „hinausprüfen", Schwierigkeiten in Elternhaus und Familie, in den Freundeskreis bringen, das Selbstwertgefühl schädigen. Bei langen Kündigungszeiten wird man Wohlverhalten erwarten, das durch ein „gutes" Zeugnis honoriert wird. Zeugnisse enthalten Urteile, oft Verurteilungen, die jede Chance nehmen. Mancher hätte den Sprung in die Selbständigkeit nicht gewagt, wenn ihm nicht Missgunst und Bosheit die Möglichkeit der Arbeit als Angestellter genommen hätten. Verurteilungen in Zeugnissen können zerstören, aber auch neue, ungeahnte Wege eröffnen.

6. Die *Leistungsanreizfunktion* soll motivieren, dem Unternehmen oder dem Beurteiler Vorteile zu bringen. Oft führt aber eine zu starke Motivation zu Versagensangst und Verkrampfung. Diese Motivation muss Rücksicht auf die tatsächlichen Fähigkeiten des Einzelnen nehmen, sonst be-

drängt und zerstört sie mehr, als sie nutzt. Die ganze Palette des Bewertens, Lobens, Bestrafens, Einordnens, des Ausstellens und Verweigerns einer Qualifikation, des Bereitstellens einer Chance und des Nehmens, des Verbauens der persönlichen und beruflichen Zukunft – das sind heute wesentliche Instrumente zur Steigerung der Leistungsbereitschaft geworden.

Wie soll man sich nun verhalten? Zweifellos bestimmen besonders Berufszeugnisse den persönlichen und den beruflichen Weg weit mehr, als man bei ersten Überlegungen zu erfassen vermag. Man wird deshalb ein jedes Zeugnis sehr sorgfältig unter die Lupe nehmen müssen. Es muss ja nicht immer böser Wille sein, wenn eine Formulierung auftaucht, die negative Wirkung hat. Sehr oft ist sie einfach aus Unkenntnis des Vorgesetzten entstanden. Zum anderen wird man sich gegen eine ungerechtfertigte Benachteiligung massiv wehren müssen. Doch zuvor einige Überlegungen zum Zeugnis als Beurteilungsgrundlage.

1.2 Das Zeugnis als Beurteilungsgrundlage

Arbeitszeugnisse als Zwischen- oder Schlusszeugnisse erhält man in erster Linie, um eine bessere und besser bezahlte Arbeitsstelle, möglichst verbunden mit einer Aufstiegschance, zu erhalten. Dazu müssen die Formulierungen im Zeugnis passen; der Text muss eindeutig sein, damit niemand etwas herauslesen kann, was schadet. Es soll nichts fehlen, was hineingehört und die Chancen erhöht. Man sollte gegen keinen Teil des Arbeitszeugnisses Misstrauen hegen müssen.

Dabei ist nun wesentlich:
1. Das Arbeitszeugnis ist ein *Dokument der beruflichen Entwicklung* und *Qualifikation* des Arbeitnehmers, das für den Arbeitgeber eine, wenn auch nicht immer problemlose, *Entscheidungshilfe* bei der Auswahl der zukünftigen Mitarbeiter darstellt.
2. In einem Arbeitszeugnis werden *Leistungen* und *Verhalten* während einer bestimmten Berufszeit beurteilt, festgehalten und schriftlich fixiert. Weder die *Wahrheit* noch das *Wohlwollen* dürfen vernachlässigt werden. Dem Mitarbeiter darf der weitere Berufsweg nicht verbaut werden.
3. Die *Beobachtungen* und *Einschätzungen* sind jeweils nach 1 bis 2 Jahren sowie bei besonderen Anlässen zu fixieren, nicht erst kurz vor oder nach einer Trennung. Der *Beurteilungszeitpunkt*, beispielsweise bei Zwischenzeugnissen, führt oft zu von der Endfassung abweichenden Formulierungen.
4. Der das Arbeitszeugnis ausstellende *Beurteiler* wird in kleineren Betrieben der Chef oder der direkte Vorgesetzte sein; sicherer beurteilt jedoch eine *Gruppe von Vorgesetzten*, auch in größeren Betrieben; diese erarbeitet eine Vorgabe, die die Personalabteilung erhält.
5. Für den *Beurteilungstatbestand*, also die Leistungen und das Verhalten, ist ein Maßstab nötig, eine Einstufung, die jeder Chef und jeder im Personalwesen versteht, die jeder gleich lautend interpretieren kann. Leider hat sich bis heute noch kein klarer, eindeutiger Maßstab herausgebildet.
6. Das *Ziel der Beurteilung* muss Wahrheit und Förderung sein. Es ist für das Image eines Unternehmens keineswegs vorteilhaft, wenn einem glänzenden Zwischenzeugnis ein mageres, verärgertes Schlusszeugnis folgt.

Das *Beurteilungsverfahren* muss Inhalt längerer Überlegungen sein. Man unterscheidet zwischen den freien Verfahren, in denen nach Lust, Laune und Eingabe formuliert wird, und den gebundenen Verfahren, bei denen man nach festen Kriterien und Stufungen vorgeht – um gerechter, klarer beurteilen zu können. Die Problematik mancher Aussage wird man jedoch auch damit nicht ganz beseitigen können.

1.3 Die Problematik von Aussage und Bedeutung

Umfangreiche Untersuchungen bei Schulzeugnissen zeigten, dass rund ein Drittel der Beurteilungen der Lehrer falsch waren – davon zwei Drittel zu gut, ein Drittel zu schlecht. *Das heißt, dass rund 10 % der Lehrerbeurteilungen so ungünstig und entstellend sind, dass berufliche Nachteile entstehen.* Wie hoch mag die „Dunkelziffer" sein? Bedeutung haben die folgenden Überlegungen:

1. Da offenbar *Fehlbeurteilungen* nicht immer – auch nicht mit Hilfe der Gerichte – ausgeschaltet werden können, wird man mit ihnen leben müssen. Manche der Geistesgrößen früherer Zeiten hätte in unserem Bildungssystem kaum eine Chance gehabt – noch weniger in den Betrieben. Hierarchien von heute stoßen die Unkompetenten und die Überkompetenten aus; der Durchschnitt bleibt und macht oft sogar Karriere. Vielleicht ist das der Grund der Probleme von heute – gleich, wie sie heißen mögen.

2. Es werden *bewusst zweifelhafte Formulierungen* verwendet, die ihre Ursache in Neid, Missgunst und Verärgerung haben. Gegen derartige Benachteiligungen sollte man sich

massiv – unter Umständen gerichtlich – wehren, das ist man sich und denen schuldig, die in Zukunft um Zeugnisse bitten müssen. Allerdings sollte man berechtigten Widerstand möglichst sofort leisten; 4 Wochen ist wohl ein angemessener Grenzwert. Verrinnt mehr Zeit, werden die Chancen einer angemessenen Klärung geringer.

3. Bei *unbewusst negativ wirkenden Formulierungen*, in gutem Glauben geschrieben, werden andere Chefs und Personalsachbearbeiter möglicherweise anderes herauslesen, als gemeint war. Das sind die gefährlichsten „Klippen", einmal, weil man sie zu spät erkennt, um gegen sie angehen zu können, zum anderen, weil sie über viele Jahre hinaus weiterwirken. Oft zeigen erst Serien von Bewerbungs-Absagen, dass irgendwo in den Unterlagen etwas nicht in Ordnung ist.

4. Besonders wichtig für den Arbeitnehmer ist die *Verarbeitung negativer Beurteilungen,* mögen sie nun zu Recht oder zu Unrecht abgegeben worden sein. Wenn man den Fehler dann immer bei den anderen sucht, über die Sinnlosigkeit des Lebens nachgrübelt oder böse Vorsätze fasst, sich betrinkt oder Gemütsaufheller nimmt, in die Krankheit, in die Aggression, in Selbstmitleid, Abkapselung und Resignation flieht, wird man sich jede Chance auf einen neuen, besseren Arbeitsplatz erst recht nehmen.

Allerdings: Durch Ungerechtigkeit entstandene Chancenlosigkeit – sie tritt öfter auf, als man glauben sollte – führt oft zu außerordentlichem Erfolg. Man muss dann dort seine Chance suchen, wo man keine Zeugnisse mehr benötigt – in einer unternehmerischen Tätigkeit. Nicht selten empfinden Vorgesetzte aktive Typen als unbequem, was sich in der Zeugnisformulierung niederschlägt. In einer freien, selbständigen Tätigkeit können sie dann alle Kraft nutzen, Kreativität entwickeln und Neues schaffen, ohne gebremst zu werden.

1.4 Die Rolle des Arbeitszeugnisses bei Bewerbungen

Zweifellos ist das Arbeitszeugnis bei Bewerbungen eine der wesentlichsten Unterlagen. Beobachten wir einen Unternehmer, der Bewerbungen sortiert! Es ist nicht einfach, zum Beispiel aus 300 Bewerbungen die drei herauszusuchen, die zur Vorstellung geladen werden sollen. Zu diesem Zweck wird man sich eine Liste mit den wesentlichsten 10 Kriterien aufstellen und für jede davon maximal 10 Punkte vorsehen. Der erste Blick fällt auf das Bild, der zweite auf das Anschreiben. Ein Teil der Kandidaten wird hierbei bereits aussortiert. Bei den anderen überfliegt man den Lebenslauf. Interessante Zeugnisse werden vor einer Einladung sorgsam analysiert; die meisten der zu vergebenden 100 Punkte stehen anschließend fest. Einige, die Arbeitszeugnisse betreffende Stichpunkte dazu:

1. Die Zeiten der *Tätigkeiten in Betrieben* werden im *Lebenslauf* aufgeführt. Man kann erkennen, wie lange welche Position in einem Unternehmen bekleidet wurde. Die *Lückenlosigkeit* der Laufbahn ist von besonderer Bedeutung.
2. Der Lebenslauf zeigt die *Kontinuität eines beruflichen Werdeganges*; der Beleg steckt in den Zeugnissen. Wer zielbewusst ein Berufsergebnis anstrebt, wird ähnlich folgerichtig im Betrieb handeln.
3. Die *Gründe des Arbeitsplatzwechsels* sind aus den Arbeitszeugnissen klar zu erkennen. Sie sollten nur im beruflichen

Werdegang begründet sein, nicht durch Fehler, Verärgerung oder sonstige Unstimmigkeiten.
4. Die persönlichen *Eigenschaften* und *Fähigkeiten*, deren Entwicklung und Ausbildung, lassen sich aus der Kette der Arbeitszeugnisse gut erkennen. In einem Zeugnis mögen Fehlbeurteilungen vorkommen, bei mehreren ist das jedoch unwahrscheinlich.
5. *Spezialausbildungen* und *besondere Erfahrungen* können von hohem Wert sein. In Arbeitszeugnissen werden sie bestätigt. Dazu gehören auch *Teamfähigkeit* und *Führungsqualitäten*. Derartige Zeugnisse zeigen nicht nur den beruflichen Werdegang, sondern auch die Ausbildung der Persönlichkeit.
6. Die *Fähigkeit zur Konfliktverarbeitung* ist wichtig. Man wünscht sich nicht immer einen bequemen „Ausführer". Beim *Durchsetzungsvermögen* kommt es darauf an, statt autoritären Handelns eine Autorität der Persönlichkeit zu entwickeln.

Wenn die bedeutende Informationsquelle „Arbeitszeugnis" die ideale Aussage enthält, ist die nächste Chance, die der persönlichen Vorstellung, gegeben. Niemand wird sich die Mühe und die Kosten der direkten Gegenüberstellung aufbürden, der nicht die Möglichkeit einer Einstellung erwägt. Was aber tun, wenn Arbeitszeugnisse „Chancenkiller" in Form von bestimmten Formulierungen enthalten?

1.5 Muss man Form und Inhalt eines Arbeitszeugnisses akzeptieren?

Zum einen wird es immer wieder Situationen geben, bei denen der Arbeitnehmer, zu Recht oder zu Unrecht, andere Vorstellungen von seiner Bedeutung und seiner Leistung hat,

Muss man Form und Inhalt akzeptieren? | 21

als es die Formulierungen im Arbeitszeugnis zum Ausdruck bringen. Zum anderen mögen diese auf den ersten Blick durchaus positiv klingen, aber bei Dritten zu völlig abweichenden Rückschlüssen und Interpretationen führen. Man muss keineswegs ein entstellendes Arbeitszeugnis akzeptieren. Überlegungen zur Haftung des Arbeitgebers bei der Ausstellung von Arbeitszeugnissen sollen zeigen, dass der Wahrheit und dem Wohlwollen – Grundsätzen der Zeugnisformulierung – enge Grenzen gesetzt sind.

1. Der *Arbeitgeber haftet dem Arbeitnehmer* nach § 630 BGB für die Ausstellung des Zeugnisses nach Fälligkeit. Wenn er dieser Verpflichtung nicht nachkommt oder sie schuldhaft verzögert, so muss er den dadurch entstehenden Schaden ersetzen.
2. Eine *Schlechterfüllung* liegt dann vor, wenn der Arbeitgeber leichtfertig oder vorsätzlich wahrheitswidrig Tatbestände falsch darstellt oder wesentliche positive Fakten nicht berücksichtigt hat. Auch dann kann es zu einem Schadenersatzanspruch kommen.
3. Der *Arbeitgeber haftet für Mitarbeiter*, die Zeugnisse ausstellen, so, als hätte er selbst die Zeugnisse ausgestellt. Das gilt nicht nur für die Haftung gegenüber dem ausscheidenden Mitarbeiter, sondern auch gegenüber Dritten.
4. Der *Arbeitnehmer* selbst kann, wenn er das Zeugnis nicht termingerecht bekam, den Arbeitgeber in Verzug setzen. Ein unrichtiges Zeugnis ist zu beanstanden; bei Nichterfüllung muss gemahnt werden.
5. Eine *Schadenersatzforderung* wegen Schlecht- oder Nichterfüllung bei falschen Zeugnisangaben ist dann möglich, wenn nachgewiesen wird, dass ein Arbeitgeber bei

Vorhandensein der richtigen Zeugnisse eine Einstellung vorgenommen hätte.
6. Die *Arbeitsagentur* melden dann Schadenersatzforderungen an, wenn Arbeitnehmer wegen fehlerhafter Zeugnisse nicht vermittelt werden können. Der Arbeitnehmer muss jedoch selbst versuchen, den Schaden klein zu halten.
7. Eine *Haftung gegenüber Dritten* ist dann gegeben, wenn einem neuen Arbeitgeber Schäden daraus erwachsen, dass er einem Arbeitszeugnis vertraute, das wesentliche Mängel des betreffenden Arbeitnehmers verschwieg.
8. Werden dem neuen Arbeitgeber strafbare Handlungen des Arbeitnehmers nachträglich bekannt, so hat er eine *Widerrufspflicht*; der frühere Arbeitgeber muss dann das grob unrichtige Zeugnis entsprechend korrigieren.
9. Eine *Informationspflicht* der Arbeitgeber untereinander – wenn nach Ausstellung des Zeugnisses Fakten bekannt werden, die Schadenersatzforderungen nach sich ziehen könnten – ist umstritten. Im eigenen Interesse des neuen Arbeitgebers findet jedoch in der Regel eine telefonische Information statt.
10. Das Arbeitszeugnis als *„vertrauenerweckende Bescheinigung"* braucht den Schutz des Gesetzgebers und des Rechts. Die Mehrzahl der Arbeitnehmer mit guten Leistungen verdienen es, davor geschützt zu werden, dass ihre Zeugnisse entwertet werden, indem man andernorts Fehlhandlungen durch „Wohlwollen" überdeckt.

Form und Inhalt eines Zeugnisses, die man als falsch erkennt, können angemahnt und auf Richtigstellung eingeklagt werden. Ausschlaggebend ist der Rechtsgrundsatz, dass Zeugnisse wahr sein müssen. Fehlhandlungen des Arbeitnehmers müssen aufgezeigt werden, weil sonst empfindliche Schadenersatzforderungen drohen. Trotzdem gilt der Grundsatz einer „wohlwollenden" Beurteilung; kleinere Mängel oder lange zurückliegende geringfügige Fehlverhalten müssen nicht besonders herausgestellt werden. Das Zeugnis ist so zu formulieren, dass einem künftigen Arbeitgeber kein Schaden zugefügt werden kann und dem Arbeitnehmer die Zukunft nicht verbaut wird.

1.6 Was man über Arbeitszeugnisse wissen sollte!

Unser einführendes Kapitel zeigt, dass man im Allgemeinen die Auswirkungen von Zeugnissen unterschätzt. Wer hätte schon von sich aus die Auswirkungen auf die Renten, die Monopolisierung, die Laufbahnsteuerung, die tarifpolitischen Chancen, die Disziplinierung und den Leistungsanreiz richtig eingeschätzt? Es ist also Zeit, darüber nachzudenken und zu versuchen, aus Zeugnissen mehr zu machen und mit ihnen mehr zu erreichen.

Zeugnisse sind nun einmal Entscheidungshilfen für diejenigen, die darüber bestimmen, ob sich unsere Wünsche und Träume erfüllen. Leistungen und Verhalten gehören darin vollständig widergespiegelt. Zwischenzeugnisse verhindern, dass beim Endzeugnis der Ärger überwiegt oder solcher zum Vorschein kommt. Das Ziel muss Förderung des Individuums und Lohn für Leistung sein.

Fehlbeurteilungen werden, wie gesagt, immer wieder vorkommen. Irrtum, bewusste und unbewusste Benachteiligung, im guten Glauben verwendete irreführende Formulierungen können die Ursache sein. Oft wird man Fehlcharakterisierungen – trotz der gerichtlichen Korrekturmöglichkeiten – hinnehmen müssen. Die seelische Verarbeitung dieser schweren persönlichen Niederlagen und Enttäuschungen ist dann bedeutsam.

Für Bewerbungen sind lückenlose Zeugnisse eine unverzichtbare Unterlage. Sie zeigen die Kontinuität des beruflichen Werdeganges, die Gründe für den jeweiligen Arbeitsplatzwechsel, die entwickelten Eigenschaften und Fähigkeiten, das Führungstalent und das Teamverhalten, das Durchsetzungsvermögen und das Konfliktverhalten.

Die Prinzipien der Wahrheit und des Wohlwollens bringen den Zeugnisschreiber unter Umständen in Schwierigkeiten. Kennt er doch das Haftungsproblem bei beschönigenden Aussagen, die möglicherweise hohe Schadenersatzforderungen nach sich ziehen. Auf der anderen Seite können zweifelhafte Formulierungen zu langwierigen Streitgefechten vor dem Arbeitsgericht führen. Rechtliche Fragen sind zu beachten.

Ist das alles, was man über Arbeitszeugnisse wissen muss? Wenn man sie selbst zu schreiben, sie zu beurteilen hat? Gewiss nicht. Lassen Sie uns im Folgenden die Arten der Zeugnisse und ihre Besonderheiten, die Hilfen bei der Formulierung, die Probleme bei der Beurteilung untersuchen. Der Frage nach den Geheimcodes werden noch einmal rechtliche Überlegungen folgen müssen. Dabei sollen Muster aus den verschiedensten Branchen einen Überblick vermitteln. Spezialbegriffe sind zu beachten. Wussten Sie, wie umfangreich dieses Problem ist? Wegen der besonderen Bedeutung werden wir Schritt für Schritt Fakten und Beispiele bringen.

Checkliste A: Sind die wesentlichen Forderungen an ein Arbeitszeugnis bekannt?

Zeugnisse bestimmen unser Leben. Weil das so ist, sollten wir besser aufpassen und darauf drängen, wirksamere Zeugnisse zu erhalten! Testen Sie anhand dieser Checkliste, ob Sie die Aussagen Ihrer Zeugnisse bisher ernst genug genommen haben!

Pos.	Fragen, Beurteilungen, Fakten	erfüllt	nicht erfüllt
1	Kannten Sie die große Bedeutung der Rentenfunktion von Zeugnissen nicht?		
2	Sind Sie betroffen von einem versperrten Berufsweg durch negative Zeugnisaussagen?		
3	Wurde Ihre Laufbahn von Schul- und Berufszeugnissen gestoppt?		
4	Hätten Sie andere Tarifgruppen erreichen können, wären nur die Zeugnisse besser gewesen?		
5	Hat man Sie mit der Drohung zu mehr Arbeit angehalten, Sie würden sonst ein schlechtes Zeugnis bekommen?		
6	Spornte man Sie durch Beurteilungsängste so sehr an, dass Sie dadurch versagten?		
7	Wurden Sie schon einmal mit Berufszeugnissen konfrontiert, die aus einer bösen Laune heraus entstanden?		
8	Fühlten Sie sich bei Berufszeugnissen falsch, ungerecht beurteilt?		
9	Enthalten Ihre Berufszeugnisse Formulierungen, die zweideutig sind?		
10	Haben Sie schon einmal resignierend ungerechte Einstufungen hingenommen?		

Pos.	Fragen, Beurteilungen, Fakten	erfüllt	nicht erfüllt
11	Scheiterten Sie bei Bewerbungen an unzureichenden Praxiszeugnissen?		
12	Kann man aus Ihren Arbeitszeugnissen die Kontinuität des beruflichen Werdeganges nicht herauslesen?		
13	Erkennt man die Gründe des Arbeitsplatzwechsels nicht als positiv und der Weiterentwicklung dienend?		
14	Wurden Ihre Eigenschaften, Fähigkeiten und Erfahrungen nicht positiv genug herausgestellt?		
15	Stellte man Ihnen kein gutes Zeugnis für Teamfähigkeit und Führungskönnen aus?		
16	Bescheinigte man Ihnen die Fähigkeit der Durchsetzung und der fairen Bereinigung von Konflikten nicht?		
17	Dachten Sie schon daran, den Arbeitgeber wegen Richtigstellung des Zeugnisses zu verklagen?		
18	Wussten Sie nicht, wie stark der Arbeitgeber vom Gesetz und Recht zur sachlichen wahrheitsgemäßen Zeugnisformulierung angehalten wird?		
19	Wussten Sie aber auch nicht, wie stark er haftet, wenn er strafbare Handlungen seiner Arbeitnehmer verschweigt?		
20	Finden Sie Ihre Berufszeugnisse gerecht und einer „vertrauenerweckenden Bescheinigung" entsprechend?		
	Gesamtzahlen		

Beurteilung: Diese Checkliste ist als typische Negativliste aufgebaut. Jedes Mal, wenn Sie „erfüllt" ankreuzen mussten, gaben Sie zu, dass einer der Fakten bisher nicht ausreichend berücksichtigt wurde und dass sich das negativ für Sie auswirkte. Dabei sind nur einige wenige Forderungen an Berufszeugnisse aufgezeigt worden.

Es erübrigt sich wohl, nun eine Staffelung von *sehr gut* bis *sehr schlecht* aufzubauen. Jede unerfüllte Forderung oder Benachteiligung ist eine versäumte Chance und damit eine Chance zu wenig. Können wir uns das leisten? Man müsste sich mehr mit Arbeitszeugnissen beschäftigen. Die folgenden Überlegungen und Erfahrungen sollen dabei helfen. Um in Zukunft mehr zu erreichen!

2 Welche Arten von Arbeitszeugnissen gibt es?

Man unterteilt Zeugnisse nach der Art und nach dem Zweck, dem sie dienen. Man kann ein einfaches oder ein qualifiziertes Zeugnis ausstellen. Zwischenzeugnisse werden beispielsweise ausgestellt, wenn ein langjähriger Vorgesetzter wechselt, oder wenn nach einem vorher festgelegten Zeitraum eine Beurteilung vereinbart wurde. Ausbildungszeugnisse, Probezeitzeugnisse, Zeugnisse beim Abbruch der Probezeit oder der Ausbildung, natürlich auch Zeugnisse für befristete Arbeitsverhältnisse – sie alle haben ihre besonderen Gesetzmäßigkeiten. Schließlich kommt das Schlusszeugnis bei der Beendigung eines Arbeitsverhältnisses dazu. Gewiss haben alle diese Zeugnisarten gemeinsame Grundlagen. Doch im Detail weisen sie Besonderheiten auf.

2.1 Das „einfache Arbeitszeugnis" und seine Aussagen

Das einfache Arbeitszeugnis dient als *Tätigkeitsnachweis*. Es fehlt, über die schriftliche Bestätigung der Dauer der Beschäftigung und die Beschreibung der ausgeübten Tätigkeit hinaus, jede Bewertung und Beurteilung.

Das einfache Arbeitszeugnis enthält

1. die Angaben zur Person,
2. das Ein- und Austrittsdatum,
3. die Beschreibung des Aufgaben- beziehungsweise des Arbeitsgebietes,

4. Ort, Datum und Unterschrift sowie
5. die üblichen Angaben auf einem Firmenbogen mit dem Namen der Firma, dem Firmenzeichen und dem Ort des Firmensitzes.

Jeder Arbeitnehmer hat Anspruch auf ein einfaches Arbeitszeugnis, wenn er sein Arbeitsverhältnis beendet.

2.1.1 Die Anwendungsbereiche bei einfachen Arbeitszeugnissen

Charakteristisch bei einfachen Arbeitszeugnissen ist, dass nur die *Art* und die *Dauer einer Beschäftigung* aufgeführt werden dürfen. Wenn ein Mitarbeiter etwa befürchtet, dass die Beurteilung der Fähigkeiten, der Leistungen und des Verhaltens ungünstig ausfallen, wird er ein derartiges Zeugnis verlangen.

Nach dem Arbeitsförderungsgesetz kann das Arbeitsamt bei Förderungsmaßnahmen eine Arbeitsbescheinigung verlangen. Der amtliche Vordruck enthält Rubriken für die Art der Tätigkeit, Beginn und Ende des Arbeitsverhältnisses sowie den Lösungsgrund. Der Inhalt des einfachen Arbeitszeugnisses muss mit dem der Arbeitsbescheinigung übereinstimmen.

In vielen Arbeitsgebieten ist es üblich, bei wenig qualifizierten Tätigkeiten, zum Beispiel Hilfsarbeiten, nur einfache Arbeitszeugnisse auszustellen und auch bei der Einstellung nur solche zu verlangen. Man geht dort mehr auf den persönlichen Eindruck als auf die Aussage eines Zeugnisses. Ein einfaches Arbeitszeugnis wird auch dann ausgestellt, wenn ein Arbeitsverhältnis nach kurzer Zeit oder innerhalb der Probezeit endet.

2.1.2 Die rechtlichen Grundlagen

Das einfache Arbeitszeugnis ist für den Ausstellenden unproblematischer als das qualifizierte. Es fällt leicht, bei den wenigen Angaben das Wahrheitsgebot zu erfüllen. Da es keine Beurteilung enthält, können diesbezüglich auch keine Fehler entstehen. Hat ein Arbeitnehmer ein qualifiziertes Zeugnis erhalten und ist er – zu Recht oder zu Unrecht – damit nicht zufrieden, so kann er kein einfaches Arbeitszeugnis mehr bekommen. Es ist deshalb, beispielsweise bei einer Kündigung, besser und auch für den Arbeitgeber sicherer, dem Arbeitnehmer einen *Zeugnisentwurf* zur Stellungnahme vorzulegen. Wählt jener dann das einfache Zeugnis, so ist nicht mehr mit Streitigkeiten zu rechnen. Zum anderen hat der Arbeitnehmer das Recht, bei einem einfachen Arbeitszeugnis die Erweiterung zu einem qualifizierten zu verlangen.

Bei der Angabe der Dauer eines Beschäftigungsverhältnisses ist also die rechtliche Dauer anzugeben. Die Gründe, die zur Beendigung des Arbeitsverhältnisses führten, müssen nicht zwingend im einfachen Arbeitszeugnis aufgeführt werden. Das kann im „Wohlwollen" des Arbeitgebers begründet sein, der den negativen Eindruck einer Kündigung des Arbeitgebers oder der Kündigung des Arbeitnehmers nach Vereinbarung vermeiden will.

2.1.3 Die Bestandteile eines einfachen Arbeitszeugnisses

Zwar genügen bei einem einfachen Arbeitszeugnis die Angaben zur Person, das Ein- und Austrittsdatum, die Beschreibung der ausgeführten Arbeiten, Ort, Datum und Unterschrift, doch sind auch hier gewisse Formfragen zu beachten. Man kann die Primitivform wählen, auch Negativaussagen einbringen, ohne das Gebot des Verzichts auf eine Beurteilung zu verletzen. Vom erweiterten einfachen Arbeitszeugnis führt die Stufung zum ausführlichen, das mit Ausnahme der fehlenden Beurteilung beinahe einem qualifizierten Arbeitszeugnis entspricht. Die neuen Bestandteile:

1. Um die *Verwechslungsgefahr* auszuschalten, werden Vor- und Familiennamen sowie der Name vor der Heirat beziehungsweise einer Scheidung aufgeführt. Zum Geburtsdatum kommt der Geburtsort, im Zweifelsfalle mit Nennung des Kreises beziehungsweise Landes.
2. Öffentlich-rechtliche, etwa in Schulen/Hochschulen durch Prüfungen erworbene *Titel* sind zu verwenden, nicht aber betriebliche Funktionsbezeichnungen, die außerhalb des Unternehmens keine Bedeutung haben.
3. Vor dem Namen wird „*Herr*" oder „*Frau*" gesetzt, auch in den Bereichen einfachster Zeugnisse.
4. Die *Art der Beschäftigung* ist exakt zu umschreiben, damit auch ein Nichtfachmann sich etwas darunter vorstellen kann. Es ist ein großer Unterschied, ob ein Mechaniker in einer Reparaturwerkstatt oder in einer Fertigung arbeitet.
5. Bei Angestellten wird neben den *Haupttätigkeiten* auch auf Details eingegangen; je qualifizierter eine Arbeit war, desto differenzierter sollte sie beschrieben werden. Bei wechselnden Tätigkeiten wird nur die Haupttätigkeit nach Art und Dauer genannt.
6. Bei *leitender Stellung* ist die Einstufung in der betrieblichen Hierarchie von Bedeutung. Aufgaben, Vollmachten, die Zahl der geführten Mitarbeiter, die typischen Merkmale der Tätigkeiten sind aufzuführen.

7. Die *typischen Merkmale* der Tätigkeit sind sorgsam aufzulisten. Das Fehlen einer vollständigen Tätigkeitsbeschreibung kann zu Schadenersatzforderungen führen, wenn nachgewiesen wird, dass ein Arbeitnehmer dadurch einen Arbeitsplatz nicht erhalten hat.
8. Dem *beruflichen Werdegang* in der Firma, zum Beispiel beim Einsatz in verschiedenen Abteilungen, ist dadurch Rechnung zu tragen, dass die Einsatzfelder mit Art und Dauer in chronologischer Reihenfolge aufgeführt werden.
9. Es besteht Einigkeit darüber, dass die Funktion im Rahmen eines *Betriebsrates* im einfachen Zeugnis nicht aufgeführt wird. Allerdings erfolgt eine Angabe bei einem freigestellten Betriebsratsmitglied, da ein Arbeitgeber sonst mit einer längeren Berufspraxis rechnen würde.
10. Das *Ausstellungsdatum* muss sich nicht mit dem Datum des Ausscheidens des Mitarbeiters aus dem Betrieb decken. Eine Rückdatierung ist deshalb nicht nötig. Allerdings kann die Verwendung alten Briefpapiers verlangt werden, wenn bezüglich der Firma inzwischen Änderungen eingetreten sind.

In dieser Zusammenstellung verzichten wir auf die Angabe von Quellen, in der Regel Gerichtsurteile. Jeder einzelne Punkt ist aber einklagbar! Das gilt auch beispielsweise für die Erwähnung längerer Zeiten von *tatsächlicher Nichtbeschäftigung*, die wohl dann gewünscht wird, wenn deren Umfang im Vergleich zur Gesamtbeschäftigung aus dem Rahmen fällt. Die Angabe des Grundes ist aber zu unterlassen – nur die Zeit ist zu vermerken. Der zukünftige Arbeitgeber kann ja fragen, ob es sich hier um die Verbüßung einer Freiheitsstrafe oder um eine Krankheit handelte. Auch die *Gründe für die Beendigung des*

Arbeitsverhältnisses gehören nicht in ein einfaches Arbeitszeugnis. Die Sorgfaltspflicht verlangt aber, ebenso die Fürsorgepflicht, dass ein falscher Eindruck vermieden wird. Eine fristlose Kündigung oder einen Vertragsbruch wird man nicht vermerken, jedoch zum Beispiel die Ursache einer Betriebsstilllegung oder einer vereinbarten Auflösung des Arbeitsverhältnisses bei einer Betriebsverlagerung.

Muster einfacher Arbeitszeugnisse
Ziel jeder Überlegung zu Zeugnissen ist für den Ausstellenden der Wunsch nach einer „Bausteinbildung". Er will Formulierungen haben, die sicher und unanfechtbar sind. Aus diesem Grund werden wir hier und künftig einfache Grundbausteine darstellen, denen weitere Bausteine zugefügt werden. Dabei geben wir die Gründe eben dieser Formulierung an. Musterzeugnisse werden allerdings nicht immer eine durchgehende Erläuterung erhalten; eines wird sich auf das andere aufbauen.

2.1.4 Beispiel der Mindestaussage bei einem einfachen Arbeitszeugnis

---

Firma und Niederlassungsort

                                                Hamburg, 20.4.2008

Herr Franz Huber, geboren am 3.3.1975 in Hamburg, war vom 1.1.2007 bis 1.4.2008 als Aushilfsarbeiter in der Fertigung beschäftigt.

Maschinenbauer Haberer
Haberer

1

Beurteilung: Das Zeugnis enthält zwar alle bei einem einfachen Arbeitszeugnis erforderlichen Bestandteile, doch dürfte unklar sein, was ein Aushilfsarbeiter für Aufgaben hat. Es könnte hier eine detailliertere Aussage gefordert werden. Man konnte dann formulieren:
„Zu seinen Aufgaben gehörte vorwiegend der Transport von Werkstücken mit Transportwagen und Hubwagen."

Weitere Ergänzungen zur Mindestaussage:
Folgende Formulierungen kommen in Frage, die sich für den Betroffenen positiv auswirken:
1. „Herr Huber verlässt uns auf eigenen Wunsch."
2. „Das Arbeitsverhältnis war befristet abgeschlossen; einer Kündigung bedurfte es daher nicht."
3. „Herr Huber verlässt uns vereinbarungsgemäß am 1.4.2008 wegen Betriebsverlagerung."

Man kann aber auch mit negativen Formulierungen arbeiten:
1. „Das Arbeitsverhältnis wurde werkseitig wegen Auftragsrückgang fristgemäß zum 1.4.2008 gekündigt."
2. „Das Arbeitsverhältnis dauerte vom 1.1.2007 bis 1.4.2008."

Bei der ersten Formulierung bleibt unausgesprochen, aus welchen Gründen man Herrn Huber und nicht anderen Kollegen kündigte. Bei der zweiten Aussage wird deutlich, dass zwar das Arbeitsverhältnis so lange dauerte, es wird jedoch nichts gesagt, an wie viel Tagen Herr Huber tatsächlich arbeitete. Daraus kann gefolgert werden, dass der Mitarbeiter oft krank war.

In beiden Fällen dürfte es bei Auseinandersetzungen zu Änderungen kommen.

2.1.5 Beispiel eines einfachen Arbeitszeugnisses mit Zusatzaussagen

Firma und Niederlassungsort

Hamburg, 20.4.2008

Herr Franz Huber, geboren am 3.3.1975 in Hamburg, war vom 1.1.2007 bis 1.4.2008 als Aushilfsarbeiter in unserer Fertigung beschäftigt.
Zu seinen Aufgaben gehörten der Transport von Werkstücken mit Transportwagen und Hubwagen sowie Aufräumungsarbeiten in Betrieb und Lager.
Herr Huber verlässt unser Unternehmen auf eigenen Wunsch, um eine qualifizierende Ausbildung zu beginnen.
Wir wünschen ihm für die Zukunft alles Gute.

Maschinenbauer Haberer
Haberer

Beurteilung: Dieses einfache Arbeitszeugnis hat einen wesentlich freundlicheren Ton. Die Arbeitsaufgaben sind klarer umrissen. Man begründet das Ausscheiden positiv und wünscht „Gutes", also Erfolg. Bei einer Einstellung in einem anderen Unternehmen wird Herr Huber mit diesem Zeugnis wesentlich mehr Chancen haben – selbst wenn er die qualifizierende Ausbildung abbrechen sollte.

2.1.6 Beispiel eines einfachen Arbeitszeugnisses mit Negativaussagen

> Firma und Niederlassungsort
> Hamburg, 20.5.2008
>
> Frau Karin Meyer, geb. Bossel, geboren am 15.4.1974 in Hameln, arbeitete vom 1.3.2007 bis 1.4.2008 in unserer Firma als Stenotypistin.
> Zu ihrer Arbeit gehörte bis zum 1.10.2007 das Schreiben auch komplizierter technischer Texte; anschließend übernahm Frau Meyer die Bearbeitung der Importpapiere der Firma sowie Verwaltungsarbeiten.
> Frau Meyer verlässt unser Unternehmen auf eigenen Wunsch, um sich stärker der Familie widmen zu können.
> Wir danken für die Mitarbeit und wünschen Frau Meyer für die Zukunft alles Gute.
>
> Bromberger-Handelsgesellschaft
> ppa. Brösel

Beurteilung: Das Zeugnis klingt auf den ersten Blick gar nicht so schlecht. Aber wie ist jemand zu beurteilen, der zuerst komplizierte technische Texte schreibt, aber dann zu Verwaltungsarbeit „degradiert" wird? Und der dann in das Privatleben flüchtet? Mit diesem Text wird es für Frau Meyer schwer werden, später wieder Fuß fassen zu können.

Die empfohlene Textänderung:
„Zu ihrer Arbeit gehörten das Schreiben technischer Texte, die Bearbeitung von Importpapieren und Verwaltungsarbeiten.
Frau Meyer verlässt das Unternehmen auf eigenen Wunsch."
Das wirkt neutral und kann später durchaus einen neuen Start

erleichtern. Warum nicht gleich so? Es ist anzunehmen, dass nicht Bosheit oder übertriebene Wahrheitsliebe, sondern einfach Unbedachtheit zu einem so „verheerenden" Zeugnis führten.

2.1.7 Beispiel eines ausführlicheren einfachen Arbeitszeugnisses

---

Firma und Niederlassungsort

Hameln, 20.5.2008

Herr Hermann Schmidt, geb. 10.3.1977, trat nach der Ablegung seiner Gesellenprüfung am 1.3.2006 in unsere Firma als Tischler ein.

Er arbeitete zuerst in der Spritzerei und im Zusammenbau, um dann später auf Montage zu gehen. Ab März 2007 führte er eine Montagegruppe, wobei die Einteilung der Arbeit und die Aufsicht in seinen Händen lag. Dabei schulte er auch die Auszubildenden des Unternehmens.

Herr Schmidt hat das Arbeitsverhältnis zum 1.8.2008 gekündigt, um an der zweijährigen Fachschule Technik die Prüfung als staatlich geprüfter Techniker sowie die Meisterprüfung abzulegen.

Wir danken Herrn Schmidt für die Zusammenarbeit in unserem Unternehmen und wünschen ihm, besonders für das Studium, alles Gute.

Müller-Ladenbau
Müller

Beurteilung: Hier war zweifellos die Zusammenarbeit nicht immer in Ordnung; es dürften auch Mängel in der Leistung und im Verhalten vorgekommen sein. Sonst hätte man kein einfaches Praxiszeugnis gewählt.

Das Zeugnis verbaut aber keineswegs die Zukunft. Als Praxiszeugnis für die Aufnahme in die Fachschule Technik genügt es; nach dem Studium ist ein Neubeginn fällig. Derartige weiterbildende Maßnahmen prägen die Persönlichkeit, sodass man geringe Mängel vor der Fortbildung nicht übertrieben ernst beurteilt.

2.2 Das „qualifizierte Arbeitszeugnis" und seine Besonderheiten

Qualifizierte Arbeitszeugnisse sind „einfache" Arbeitszeugnisse, bei denen der Arbeitgeber zusätzlich eine Bewertung von Leistung und Verhalten vornimmt. Das hat natürlich für den Arbeitnehmer dann entscheidende Vorteile, wenn er damit seine Leistungen bei der Vorstellung vorzeigen und dokumentieren kann. Eine „Benotung" des Arbeitnehmers, seiner Arbeitsbereitschaft und Teamfähigkeit, seiner Gesamtpersönlichkeit, kann und wird ihm – positive Formulierungen vorausgesetzt – immer einen Vorteil gegenüber einem Konkurrenten bringen, der nur ein einfaches Arbeitszeugnis vorzuweisen hat.

Abgesehen davon, dass der Arbeitnehmer einen rechtlichen Anspruch auf die Ausstellung eines qualifizierten Zeugnisses hat, ist letzteres aus den genannten Gründen nicht mehr aus der Arbeitswelt wegzudenken. Mit der Beurteilung von Leistung und Verhalten beginnt jedoch die gesamte Problematik von Arbeitszeugnissen. Ein Zeugnis muss wahr sein und gleichzeitig wohl wollend ... Wie aber beides immer unter einen Hut bringen?

Arbeitnehmer sind unzufrieden mit den gewählten Formulierungen, neue Arbeitgeber strengen Schadenersatzklagen an, wenn sie durch Verschweigen schwerwiegender Fehlhandlungen oder durch zu wohl wollende Beurteilung geschädigt wurden. Kein Wunder, dass vor allem Gewerkschaftsvertreter deshalb qualifizierte Zeugnisse abschaffen wollen. An ihre Stelle sollen Arbeitsbescheinigungen treten. Damit werden die Gewerkschaften aber keine Chance haben. Denn niemand, der in einem Unternehmen Leistung vollbrachte und zu einem Erfolg beitrug, wird auf die schriftliche Form von Lohn verzichten wollen. Es dürfte heute kaum ein beruflicher Aufstieg ohne gute qualifizierte Zeugnisse möglich sein.

2.2.1 Die Aussagen und Inhalte qualifizierter Zeugnisse

Einfache Zeugnisse enthalten einfach zu ermittelnde, gut und problemlos zu formulierende, jederzeit nachprüfbare Angaben. Leistung und Verhalten sind jedoch nicht mehr objektiv, sondern trotz aller Hilfen nur noch subjektiv zu bewerten. Sie sind nur in den seltensten Fällen klar messbar, und auch da könnte man sich über den Maßstab, die Basis, streiten.

Von Bedeutung ist:

1. Ein qualifiziertes Zeugnis sollte so klar wie möglich abgefasst werden. Es ist keine Schande, vorformulierte Aussagen zu verwenden, wenn sie dem Tatbestand entsprechen.
2. Das Zeugnis stellt eine Unterlage für die Zwecke einer neuen Bewerbung zur Unterrichtung eines Dritten dar. Es dürfen deshalb keine Überbewertungen vorgenommen werden, die die Belange nachfolgender Arbeitgeber gefährden.

3. Das Zeugnis muss *wahr* sein, zum anderen *vollständig* in allen wesentlichen Aussagen. Dabei ist jedoch die Gesamtbeurteilung wichtig; kleinere, einmalige Mängel im Arbeitsprozess dürfen nicht überbewertet werden.
4. Das Zeugnis ist so zu formulieren, dass der gewählte Ausdruck nicht zu *Mehrdeutungen* und zu *Irrtümern* führen kann, die den Arbeitnehmer schädigen. Das verbietet die *Sorgfaltspflicht* des Arbeitgebers.
5. Die *Gesamtbeurteilung* verlangt, dass für mehrere Tätigkeiten nicht verschiedene Zeugnisse ausgestellt werden. Im zusammenfassenden Zeugnis werden die einzelnen Tätigkeiten jedoch chronologisch geordnet aufgeführt.
6. Die Formulierung muss *wohlwollend* sein, das Zeugnis darf das weitere Fortkommen nicht erschweren. Die Grenzen liegen bei der Gefahr von Schadenersatzforderungen zukünftiger Chefs wegen wahrheitswidriger (zu positiver) Angaben.

Auch bei einem qualifizierten Zeugnis wird man dieses eine nicht isoliert betrachten, sondern sich ein Bild aus allen mit der Bewerbung vorgelegten Arbeitszeugnissen machen. Oft lässt sich dann die Versiertheit der früheren Chefs, was Sprache und Formulierung betrifft, besser beurteilen als der betroffene Bewerber, der eigentlich beurteilt werden sollte.

2.2.2 Die Bestandteile qualifizierter Zeugnisse

Ein qualifiziertes Zeugnis muss folgende Teile enthalten:
1. die *Angaben des Firmenbogens* mit Firmennamen und Standort, der Rechtsform und möglichst der Art der Geschäftstätigkeit;
2. die *Anrede* Herr oder Frau, den *Vor-* und *Familiennamen*, auch den Namen vor der Heirat oder der Scheidung;

3. *Geburtsdatum* und *Geburtsort*, gegebenenfalls Kreis oder Land;
4. einen öffentlich rechtlichen oder akademischen *Titel*;
5. die *Dauer* des Beschäftigungsverhältnisses, gegebenenfalls chronologisch geordnet nach Tätigkeiten;
6. die Beschreibung der *Art der Beschäftigung* und der Aufgaben im Unternehmen;
7. die *Beurteilung der Leistung* und des *Verhaltens*, vorrangig
   – Menge und Güte der Leistung,
   – das Fachwissen und seine Anwendung,
   – die Bereitschaft zur Leistung,
   – die Zusammenarbeit und das Teamverhalten,
   – Qualitäten in der Führung von Mitarbeitern;
8. *Schlussformulierungen*;
9. *Unterschrift mit Firmenstempel*.

Im Sonderfall kann das Zeugnis mit der Beschreibung besonderer Befähigungen oder besonderer Leistungen im Einzelfall erweitert werden.

2.2.3 Die Formulierung und Gliederung

Das Problem der Formulierung – es wurde wiederholt angesprochen – ist so zentral, dass sich ein anschließendes Kapitel mit Formulierungsbausteinen, ein weiteres mit dem Problem der Geheimcodes befassen wird. Vorab deshalb zu Formulierung und Stil einige Bemerkungen:

Bei Zeugnissen haben sich Übertreibungen eingebürgert, auf die wohl auch in Zukunft nicht verzichtet werden kann. Kann man zufriedener als zufrieden sein? Sicher nicht; bei Zeugnissen ist die beste Bewertung aber

„… hat seine Aufgaben stets zu unserer vollsten Zufriedenheit erfüllt"!

Jede Minderung dieser Aussage wäre eine Reduzierung der Beurteilung – mögen der Stil und das Deutsch noch so verheerend klingen. Man wird natürlich versuchen, anders zu formulieren. Um sich aus dem Durchschnitt herauszuheben, hat aber der Mitarbeiter ein einklagbares Recht auf eine derartige Beurteilung, wenn er wirklich „Spitze" ist.
Die in der Praxis übliche Formulierung ist ausschlaggebend.
Ein Zeugnis muss ferner in der Form und Ausführlichkeit umfassend sein. Ein dürftiges Zeugnis auf einem DIN-A5-Bogen wird dem Anspruch nicht gerecht, weil man daraus schließen könnte, auch Leistung und Loyalität wären dürftig gewesen. Das gilt besonders bei Zeugnissen für langjährige Tätigkeit. Hier darf man keineswegs ein farblos wirkendes Zeugnis vorlegen. Es muss vielmehr ein gutes „Bild" abgeben, was man besonders leicht durch eine ordentliche Gliederung erreichen kann. Jeder neue Gliederungspunkt ist mit einem Absatz zu beginnen und auch optisch in die richtige Form zu bringen. Man vergesse nie, dass auch die Firma und der Aussteller beim Lesen eines Praxiszeugnisses mitbeurteilt werden.

2.2.4 Die Leistungsbeurteilung und Bewertung

Es ist gewiss nicht einfach, Leistung und Verhalten eines Mitarbeiters auch nur einigermaßen gerecht – aus dem Stegreif heraus – zu beurteilen. Machen Sie eine Probe aufs Exempel: Beurteilen Sie einen Mitarbeiter innerhalb von 5 Minuten aus dem Augenblick heraus, und führen Sie die Beurteilung dann anhand des folgenden Beurteilungsbogens mit den entsprechenden Beurteilungshilfen durch (siehe Seite 46 f.). Es gibt eine Vielzahl verschiedener derartiger Hilfen von unterschiedlicher Qualität, doch werden auch mit der dürftigsten

Hilfe mit Sicherheit noch gerechtere Beurteilungen möglich werden.

Jede Leistungsbeurteilung und Bewertung, die nachweisbar und belegbar ist, muss in einem Raster erfolgen. Man kann die Erfüllung der Aufgaben wie in der Schule benoten – mit „sehr gut", „gut", „befriedigend", „ausreichend". Ein „Mangelhaft" und ein „Ungenügend" wird es nicht geben, denn einerseits würde sich der, der den Mitarbeiter eingestellt hat, mit einem Zeugnis dieser Art einen sehr schlechten Dienst erweisen, zum anderen steht dem der Anspruch des Mitarbeiters auf eine wohl wollende Beurteilung entgegen, die ihm sein weiteres Fortkommen nicht verbaut.

Dieser Notenstufung entsprechen in den Zeugnissen die Bemerkungen „... stets zur vollsten Zufriedenheit ..."; „stets zur vollen Zufriedenheit ..."; „... zur vollen Zufriedenheit ..." und „... zur Zufriedenheit ..." gegenüber.

Beurteilt werden bei gewerblichen Arbeitnehmern die Arbeitsgüte und -menge, Sorgfalt, Vielseitigkeit, Sicherheit und andere Kriterien, die in der entsprechenden Branche ihre Bedeutung haben. Auch Verschwiegenheit und Verlässlichkeit werden oft Bestandteile einer derartigen Beurteilungsliste sein. Bei Angestellten können Teamfähigkeit, Kreativität, auch Führungsverhalten hinzukommen.

Welche Bedeutung man den Benotungen beimisst, zeigen Muster auf den Beurteilungsbogen. Später werden wir uns intensiver mit den Beurteilungen befassen, denn sie sind Vorüberlegungen und Grundlagen für die Formulierungen. Nur eines vorab: Dem Menschen ist Gerechtigkeitssinn nicht angeboren, sondern der wird von der Gesellschaft anerzogen, mit Normen und Vorschriften. So negativ man sie manchmal empfindet – es wäre schön, wenn jeder Chef und Personalsachbearbeiter unter der gleichen Beurteilung Gleiches verstünde. Davon wird man aber auch in Zukunft nur träumen können.

2.2.5 Formulierungen nach Baukastengrundsätzen

Jedes Zeugnis setzt sich aus Bestandteilen zusammen – wir haben sie eben aufgeführt. Wenn nun zu einem jeden Bestandteil eine Liste von Vorformulierungen vorhanden wäre, die auch zum Beispiel Leistungsstufen und Bewertungen von Verhaltensweisen enthielte, so könnte man die Zeugniserstellung formalisieren. Manchem wird es jetzt vor dem Ergebnis grausen, doch ließen sich mit derartigen Methoden gewiss gerade in der Leistungsbeurteilung Streit, Ärger und eine Fülle anderer Probleme bis hin zur Gerichtsverhandlung vermeiden.

1. *Schritt:* der Firmenbogen mit Firmenname und Niederlassungsort;
2. *Schritt:* Bezeichnung der Art des Zeugnisses, beispielsweise Zwischenzeugnis oder Ausbildungszeugnis;
3. *Schritt:* Anrede mit Titel, Namen, Geburtsort und -datum;
4. *Schritt:* Dauer der Beschäftigung, Art der Tätigkeit;
5. *Schritt:* Datum, Ort, Unterschrift, Firmenstempel.

Hinzu können nun kommen:
6. *Schritt:* Angaben über die Gründe des Verlassens der Firma;
7. *Schritt:* Dank und Wünsche für die Zukunft;
8. *Schritt:* weitere Erläuterungen zu Tätigkeit und Aufgabengebieten.

Zum qualifizierten Zeugnis gehören darüber hinaus:
 9. Schritt: Beurteilung von Fachkönnen und Arbeitsleistung;
10. Schritt: Beurteilung des persönlichen Verhaltens, der Führungs- und Teamfähigkeit.

Nun kann in unserem Baukasten für jeden Schritt nur ein Stein vorhanden sein oder sehr viele, wie zum Beispiel bei der Beurteilung von Fachkönnen und Arbeitsleistung. Und jeweils wieder in verschiedenen Abstufungen. Einen derartigen Baukasten aufzustellen ist gewiss eine umfangreiche, aber nützliche Arbeit. Das Herauswählen und gegebenenfalls das individuelle Umformulieren werden aber immer eine persönliche Arbeit bleiben.

In der Pädagogik kennt man zwei Methoden: Die eine befasst sich mit allen Unterlagen. Erst wenn diese „gelernt" sind, wird aus den Einzelteilen ein Ganzes gebaut. Auf die Praxis übertragen müssten wir nun alle Formulierungen lernen, und erst dann Zeugnisse zusammenbauen. Erstens wäre das langweilig und würde wenig Kreativität und eigene Formulierungsfreiheit bringen, zum anderen viel Zeit beanspruchen.

Bei der zweiten Methode greift man Beispiele heraus und erklärt daran den Aufbau und dessen Eigenheiten. Den Katalog der Details liefert man nach. Das geht schneller, ist besser, interessanter, individueller, aber leider nicht vollständig, weil man nur Teilbereiche herausgreifen kann.

Sie haben es schon gemerkt: Wir gehen den zweiten Weg. Wir werden Zeugnisse vorstellen, die Formulierungen analysieren – und in einem weiteren Kapitel die Bausteine nachliefern.

2.2.6 Beurteilungsbogen für gewerbliche Arbeitnehmer

Beurteilungsmerkmal	Erfüllung der Aufgaben			
	sehr gut	gut	befriedigend	ausreichend
Arbeitsgüte				
Arbeitsmenge				
Sorgfalt				
Vielseitigkeit				
Sicherheit				
Gesamtzahlen				
Gesamtbewertung				

Beurteilungskriterien:

sehr gut   Die Ergebnisse liegen weit über den Erwartungen, auch bei schwierigen Verhältnissen. Der Arbeitnehmer arbeitet intensiv, ist in jeder Hinsicht vorbildlich.

gut   Die Ergebnisse liegen über den Erwartungen. Man arbeitet überlegt, intensiv und vielseitig, dazu verlässlich.

befriedigend   Die Ergebnisse entsprechen den Erwartungen, das Vorgehen ist sachgemäß, ordnungsgemäß und beweglich.

ausreichend   Die Ergebnisse entsprechen im Allgemeinen den Erwartungen, ebenso die Vorgehensweisen und das Arbeitstempo.

Mangelhafte und ungenügende Leistungen sind solche, die in keiner Weise dem Standard entsprechen. Muss eine Führungskraft ein derartiges Fehlverhalten eintragen, so stellt sie sich selbst, ihrer Urteilsfähigkeit bei der Einstellung und ihrer Motivation, der Führung und Mitarbeiterbehandlung, das schlechteste Zeugnis aus.

2.2.7 Beurteilungsbogen für Angestellte

Beurteilungsmerkmal	Erfüllung der Aufgaben			
	sehr gut	gut	befriedigend	ausreichend
Fachkönnen				
Kreativität				
Arbeitsqualität				
Arbeitsbereitschaft				
Teamfähigkeit				
Soziales Verhalten				
Gesamtwerte				
Gesamtbewertung				

Beurteilungskriterien:

sehr gut „… stets zur vollsten Zufriedenheit …"
Überdurchschnittliche Beherrschung in Arbeitsgebieten, neuen Situationen; äußerst sorgfältig und genau, sehr lernbereit.

gut „… stets zur vollen Zufriedenheit …"
Sichere Beherrschung des Arbeitsgebietes, überdurchschnittliche Arbeitsqualität und Menge.

befriedigend „… zur vollen Zufriedenheit …"
Beherrscht die Anforderungen, bringt brauchbare Ergebnisse, zeigt Fleiß und Eifer, findet schnell Kontakt und ist hilfsbereit.
ausreichend „… zur Zufriedenheit …"
Erfüllt die Anforderungen, im Allgemeinen zufrieden stellende Qualität, Genauigkeit, Sorgfalt, Hilfsbereitschaft.

2.2.8 Muster eines einfachen qualifizierten Arbeitszeugnisses mit Negativaussagen

Firma und Niederlassungsort

Nürnberg, 25.5.2008

Herr Franz Moser, geb. 10.3.1961 in Nürnberg, ist am 1.2.1998 als Modellbauer in unsere Firma eingetreten.

Herr Moser erwies sich in unserer Modellbauabteilung als geschickter Facharbeiter, der seine Arbeiten zu unserer vollen Zufriedenheit ausführte.

Er war ein geschätzter Mitarbeiter und passte sich gut in die Betriebsgemeinschaft ein.

Wegen Auftragsrückganges und aus Rationalisierungsgründen muss die Modellbauabteilung geschlossen werden. Das Arbeitsverhältnis von Herrn Müller wurde deshalb fristgerecht zum 30.5.2008 gekündigt, da ein anderweitiger Einsatz nicht möglich war.

Formbau GmbH
Leisner

Beurteilung: Ein zwar vollständiges, aber nach 10 Jahren Betriebszugehörigkeit recht kühles Arbeitszeugnis. Die Beschreibung der Tätigkeit fehlt, man setzt voraus, dass jeder weiß, was ein Modellbauer für Tätigkeiten und Aufgaben hat. Hier wäre eine Aufzählung der Arbeiten zweckmäßig. „Volle Zufriedenheit" bedeutet, dass er gerade tat, was man verlangte, nicht mehr. Die gute Einpassung in die Betriebsgemeinschaft kann bedeuten, dass er sich mit anderen gegen die Betriebsführung zusammenschloss. Meint man das, was die Aussage landläufig beinhaltet, würde man anders formulieren. Da ein „anderweitiger Einsatz" fehlt, kann mit Einseitigkeit der Befähigung gerechnet werden.

Ein Zeugnis, das weitgehend die Zukunft verbaut und Wohlwollen vermissen lässt. Ein einfaches Arbeitszeugnis wäre besser gewesen. Eine Umformulierung könnte folgendes Ergebnis bringen:

2.2.9 Muster eines einfachen qualifizierten Arbeitszeugnisses mit Positivaussagen

> Firma und Niederlassungsort
>
> Nürnberg, 25.5.2008
>
> Herr Franz Moser, geb. 10.3.1961 in Nürnberg, ist am 1.2.1998 als Modellbau-Geselle in unseren Betrieb eingetreten.
>
> Herr Moser erwies sich bei allen in einem Modellbaubetrieb vorkommenden Tätigkeiten, vom Aufriss bis zur Endbehandlung, als geschickter Facharbeiter, der die ihm übertragenen Arbeiten zu unserer vollen Zufriedenheit ausführte.
>
> Er wurde von seinen Vorgesetzten und Arbeitskollegen geschätzt, und war stets hilfsbereit. Sein Verhalten war immer kollegial und korrekt.
>
> Das Arbeitsverhältnis von Herrn Moser wurde zum 30.5.2008 fristgerecht gekündigt, weil aus Gründen des Auftragsrückganges die Modellbauabteilung geschlossen werden musste.
>
> Wir bedauern, Herrn Moser keinen gleichwertigen Arbeitsplatz anbieten zu können, und wünschen ihm für seine guten praktischen Fähigkeiten einen neuen, sicheren Arbeitsplatz und für sein weiteres Fortkommen alles Gute.
>
> Formbau GmbH
> Leisner

Beurteilung: Das Zeugnis hat dieselbe „wahrheitsgemäße" Aussage wie das mit den Negativaussagen. Nur sind sie so formuliert, dass es nicht zum Streit kommen wird und Herr Moser bei der Suche nach einer gleichwertigen Position nicht behindert wird. Jeder neue Chef wird erkennen, dass Herr Moser nur tut was man verlangt; aber man braucht auch Mitarbeiter dieses Zuschnitts. Jede negativ formulierte Aussage, wie die im ersten Entwurf, wäre nach 10 Jahren Zusammenarbeit „schäbig".

2.2.10 Beispiel eines qualifizierten Spitzenzeugnisses für eine Angestellte

Firma und Niederlassungsort
　　　　　　　　　　　　　　　Bamberg, 31.5.2008

Frau Maria Zöllner, geb. 3.4.1973 in Bamberg, trat als kaufmännische Angestellte am 1.4.1997 in unsere Personalabteilung ein. Sie arbeitete zunächst als Stenotypistin, wobei sie Schreiben nach Diktat oder Stichworten erledigte. Sie übernahm dann die ordnungsgemäße Führung der General- und der Personalakten sowie die Sichtung der Bewerbungen.

Verbunden mit diesen Arbeiten waren das büromäßige Bearbeiten der Unterlagen, zu denen auch vertrauliche Statistiken, Fehlzeitkontrollen, Karteiführung, Anforderung von fehlenden Unterlagen u. a. m. gehörten.

Frau Maria Zöllner erledigte nicht nur die ihr übertragenen Arbeiten stets zu unserer vollsten Zufriedenheit, sie war darüber hinaus immer verschwiegen, höflich und zuvorkommend, hilfsbereit gegen jedermann. Sie ist eine Spitzenstenotypistin, die im fehlerfreien Diktat außerordentliche Leistungen erreicht. Ihre Fähigkeit in der Gestaltung von Briefen und schwierigen Verträgen ist beispielhaft.

Ihre Arbeitsweise ist schnell, selbständig und sicher. Ihr freundliches Wesen, die Aufmerksamkeit und Liebenswürdigkeit, schafften ihr überall nur Freunde.

Frau Zöllner hat fristgerecht gekündigt, um nach einer zusätzlichen Fachschulausbildung eine selbständigere Position zu erlangen.

Wir verlieren in Frau Zöllner eine schwer ersetzbare Kraft. Wir wünschen ihr für die kommende Ausbildung und den weiteren privaten und beruflichen Weg alles Gute.

Huber-Metallbau-GmbH
Huber

Beurteilung:
Zuerst zum Inhalt:
Ein „beängstigend" gutes Zeugnis. Alles ist bestens. Kann man die hier geweckten Erwartungen auch erfüllen?
Das ist sicher nicht möglich. Es wird zu Enttäuschungen kommen ..., wenn der einstellende Chef nicht zwischen den Zeilen lesen kann.
Warum ist Frau Zöllner nach mehr als 10 Jahren Tätigkeit ausgeschieden? Wollte sie, eine Frau, die auf die 40 zugeht, noch Karriere machen? Eine Zusatzausbildung von 1 bis 2 Jahren? Wer noch ein bisschen Gespür in unsere harte Arbeitswelt hinübergerettet hat, der wird verstehen, dass es sich hier um eine Flucht nach einer schweren persönlichen Enttäuschung handelt.
Der Zeugnisschreiber dürfte hier der Chef oder der Leiter der Personalabteilung sein. Er kennt Details und Probleme, darf auf keinen Fall darauf hinweisen. Er deutet aber an: Hier ist ein tüchtiger, fleißiger, verlässlicher Mitarbeiter – aber ein enttäuschter, verletzter Mensch, den man vor allem in einer Führungsstellung weder überfordern noch mit zu harten Entscheidungen konfrontieren darf. Das gilt auch, wenn zum Beispiel durch ein Studium Zeit, heilende Zeit, zwischen dem Ausscheiden und dem Neubeginn liegt. Auch das, diese Sensibilität, gehört zur Sorgfaltspflicht eines Zeugnisschreibers. Wir haben es mit Menschen zu tun und nicht mit Nummern.
Zur Form:
Aufgebaut ist das Zeugnis in Abschnitten, in Stufen. Erst Name und Eintritt. Dann die Tätigkeitsbeschreibung mit ergänzendem Zusatz. Nun erfolgt die Beurteilung von Leistung und Verhalten – ebenfalls mit Zusatz. Kündigungsgrund und

Schlussbemerkung runden ab. Jeder Teil dieses Zeugnisses wäre austauschbar. Mit anderen Stufungen der Beurteilung – es würde ein höfliches, wohlwollendes Zeugnis bleiben.

2.2.11 Muster eines qualifizierten Arbeitszeugnisses mit Einschränkungen persönlicher Art

> Firma und Niederlassungsort
> Passau, 31.3.2008
>
> Herr Hubert Heinbach, geb. 20.2.1963, trat am 1.1.2007 als Verkäufer in unseren Büroeinrichtungshandel ein.
> Nach einer 6-monatigen Einführungszeit im Innendienst, bei der er mit unserem Verkaufsprogramm vertraut wurde und unsere Verkaufsmethoden kennen lernte, übernahm er unseren Außendienst in Südbayern.
> Er zeigte sich als gewandter, intelligenter Verkäufer mit guten Umgangsformen, die ihm gute Verkaufsergebnisse sicherten. Im Umgang mit der Kundschaft erreichte er unsere volle Zufriedenheit.
> Im Betrieb versuchte er stets, mit Vorgesetzten und Kollegen ein auskömmliches Verhältnis zu erreichen.
> Herr Heinbach verlässt unser Haus zum 31.3.2008 auf eigenen Wunsch, um eine Tätigkeit anzustreben, bei der er nur sich selbst verantwortlich ist.
> Wir wünschen ihm dabei viel Erfolg.
>
> Brummer
> Büroeinrichtungshandel

Beurteilung: Das Zeugnis bestätigt nach 1 1/4 Jahren zwar im Bereich der beruflichen Oberflächenkontakte im Außendienst eine gute Qualifikation, doch muss der Mitarbeiter ein

Querkopf und unumgänglicher Mensch gewesen sein, der mit niemandem zurechtkam, mit dem er länger zu tun hatte. Das besagt die Formulierung „er versuchte stets … ein auskömmliches Verhältnis zu erreichen". – Er hat es nur nicht erreicht. Das bedeutet nicht, dass er nicht als Einzelvertreter Erfolge erzielen könnte. Sicher wird er in diesem Bereich einer Firma gute Dienste leisten.

2.2.12 Muster eines qualifizierten Zeugnisses mit gesundheitlichen Einschränkungen

Firma und Niederlassungsort

Hildesheim, 31.3.2008

Herr Franz Meyer, geb. 12.9.1980, trat am 1.9.2007 in unsere Firma als Tischler ein.

Er zeigte sich als geschickter, fleißiger Fachmann, der die in unserem Hause durchgeführten Innenausbauarbeiten, zu denen Maschinen-, Bank- und Montagearbeiten gehören, stets zu unserer vollsten Zufriedenheit durchführte.

Leider zeigten sich schubartige Anfälle von Epilepsie, die bei den in unserem Beruf üblichen hochtourigen Maschinen zu einer nicht zu verantwortenden Gefährdung von ihm und anderen Mitarbeitern führten.

Wir bedauern diese Entwicklung sehr und haben Herrn Meyer geraten, sich nicht nur in eine spezialärztliche Behandlung zu begeben, sondern auch eine Umschulung in einen weniger gefährlichen Beruf anzustreben.

Wir haben Herrn Meyer unter Einhaltung der ordentlichen Kündigungsfristen gekündigt und ihn sofort beurlaubt.

Wir wünschen Herrn Meyer für sein weiteres Leben alles Gute.

Schmidt GmbH
Schmidt

Beurteilung: Ein bitteres Zeugnis. Die Wahrheitspflicht und die Haftungspflicht gegenüber Dritten verlangen es so. Man muss in so einem Fall auch eine arbeitsgerichtliche Auseinandersetzung riskieren. Das Zeugnis entspricht ferner der Fürsorgepflicht, denn er und andere sind vor den Folgen der Anfälle zu schützen. Ob bei einer Verhandlung vor dem Arbeitsgericht die Richter den Überlegungen folgen werden, bleibt jedoch dahingestellt.

2.2.13 Beispiel eines qualifizierten Arbeitszeugnisses mit Einschränkungen im Verhaltensbereich

Firma und Niederlassungsort
Freiburg, 30.6.2008

Herr Dipl. Ing. Horst Freimann, geb. 15.4.1961 in Nordheim, trat am 1.1.2007 als Konstrukteur in unsere Dienste.

Infolge seiner beachtlichen Berufserfahrung im Spezialmaschinenbau arbeitete sich Herr Freimann schnell ein. Er ist als Konstrukteur außerordentlich begabt, hat konstruktive, neuartige Ideen und löste die ihm gestellten Aufgaben mit großem Fleiß und Bravour. Sein Verhalten gegenüber seinen Kollegen war stets in Ordnung.

Leider konnte er sich mit den in unserem Hause üblichen und erprobten Arbeits- und Entwicklungsmethoden nicht anfreunden. Wir haben ihm deshalb zum 30.6.2008 fristgerecht gekündigt.

Wir begrüßen es sehr, dass Herr Freimann nicht mehr in abhängiger Stellung arbeiten will und sich mit einem Ingenieurbüro selbständig macht.

Wir wünschen uns in dieser neuen Form eine gute weitere Zusammenarbeit – diesmal direkt mit der Geschäftsleitung.

Gerstner-Spezialmaschinenbau
Gerstner

Beurteilung: Ein ehrliches, wahres Zeugnis mit einem neuen Anfang. Einen Spitzenmann ziehen lassen, nur weil er mit seinem Abteilungsleiter nicht zurechtkommt? Nie, das hieße der Firma Schaden zufügen! Aber Unruhe in der Konstruktionsabteilung? Das ist auch nicht zu verantworten. Also Kündigung und Anfang auf neuer Ebene. Herr Freimann wird die Chance nutzen. Eine beispielhafte Lösung eines Personalproblems auf der oberen Ebene. Ob das wohl dem Abteilungsleiter gefällt? Firmeninteressen gehen hier vor.

2.2.14 Beispiel eines qualifizierten Arbeitszeugnisses mit Einschränkungen wegen Fehlzeiten

11

Firma und Niederlassungsort

Hamburg, 30.6.2008

Herr Franz Renner, geb. 1.2.1978, trat in unsere Firma am 1.1.2006 als Heizer ein.

Nach einer kurzen Einarbeitungszeit bediente er den Lambion-Kessel mit den Zusatzaggregaten stets zu unserer vollsten Zufriedenheit, soweit es die technischen Problematiken betraf.

Seine freundliche und zuvorkommende, stets hilfsbereite Art verschaffte ihm unter Vorgesetzten und Kollegen Ansehen.

Leider mussten wir seit März 2008 feststellen, dass Herr Renner wiederholt trotz Abmahnung dem Arbeitsplatz fernblieb. Aus diesem Grund haben wir das Arbeitsverhältnis fristgemäß zum 30.6.2008 gekündigt.

Pfitzner-Maschinenbau
Pfitzner

Beurteilung: Ein klares, deutliches Zeugnis: Es hat wiederholt Ärger gegeben, und man ist auch im Ärger auseinander gegangen. Ein versöhnlicher Schlusssatz fehlt. Auf die Gründe wird aus arbeitsrechtlichen Erwägungen nicht eingegangen, vermutlich standen persönliche Probleme und Alkohol im Vordergrund.

Ist dieses Arbeitszeugnis bereits über die Grenze hinweg formuliert, wo man noch von Wohlwollen sprechen kann? Die Floskel mit dem Hinweis über die freundliche Art nutzt Herrn Renner nichts. Ein einfaches Arbeitszeugnis ohne die Nennung der Entlassungsgründe wäre Herrn Renner nützlicher gewesen.

2.2.15 Beispiel eines qualifizierten Arbeitszeugnisses bei Gesundheitsproblemen

Firma und Niederlassungsort

Pforzheim, 6.6.2008

Frau Marion Graf, geb. Huber, geb. 12.6.1965, trat am 1.7.1995 in unser Unternehmen als Sekretärin ein.

Sie beherrscht neben der deutschen Sprache Englisch und Französisch sowie Spanisch hervorragend in Wort und Schrift. Aus diesem Grund wurde sie nach einer Einarbeitungszeit Sekretärin in unserer Exportabteilung.

Zu ihren Aufgaben gehörten die selbständige Führung der Korrespondenz nach Angaben in den genannten Sprachen, jedoch auch Verwaltungsarbeiten und die Erledigung von vertraulichen Personalangelegenheiten.

Frau Graf war überall als fleißige und zuverlässige Mitarbeiterin geschätzt; sie hatte das volle Vertrauen der Vorgesetzten. Sie hat nie die Übersicht verloren und war stets ein Beispiel, besonders für unseren Nachwuchs, den sie zusätzlich schulte und förderte.

Leider ist Frau Graf so ernsthaft erkrankt, dass der Zeitpunkt der Genesung nicht eindeutig vorausschaubar ist. Aus diesem Grunde müssen wir den Arbeitsplatz neu besetzen.

Erfreulicherweise konnte das Arbeitsverhältnis im beiderseitigen Einvernehmen gelöst werden; es endet mit heutigem Tage. Wir danken Frau Graf für die langjährige wertvolle Mitarbeit.

Die Geschäftsleitung und der Kollegenkreis wünschen eine schnelle, vollständige Genesung und Wiederherstellung der Gesundheit.

Schmuckhandel GmbH
Greiser

Beurteilung: Ein gutes, ein trauriges Zeugnis, wie es oft vorkommt. Einziger Einwand: Die Lösung des Arbeitsverhältnisses kann bei gegenseitigem Einvernehmen – das ja eine Kündigung des Arbeitnehmers voraussetzen kann – in Bezug auf die sofortige Zahlung des Arbeitslosengeldes (etwa bei ambulanter Behandlung) Nachteile bringen. Eine bessere Formulierung wäre deshalb einfach: „Aus diesem Grund endet das Arbeitsverhältnis ordnungsgemäß am 30. 6. 2008" Kein späterer Chef, dem die Krankheit ohnehin nicht verschwiegen werden dürfte, würde sich daran stoßen.

2.2.16 Bei Zeugnisformulierungen persönlich und verbindlich bleiben!

Gewiss ist ein Zeugnis ein Dokument mit eben dokumentarischem Charakter, dem eine gewisse Nüchternheit innewohnt. Hinzu kommen „übliche" Formulierungen, die weder gutem Deutsch noch einem verbindlichen Umgangston entsprechen, aber die man einklagen kann! Gewiss wird man deshalb Begriffe wie „zur vollsten Zufriedenheit" verwenden. Doch sollte man einen verbindlichen Ton wählen, freundlich und umgänglich. Schließlich hat der Mitarbeiter für das Unternehmen gearbeitet, zwar Lohn bekommen, doch gewiss auch manche Unannehmlichkeit geschluckt.

Gerade mancher „moderne" Personalchef der jüngeren Generation, meist mit Doktortitel, meint nun, sich als „hart" profilieren zu müssen. In Wirklichkeit schadet derjenige der Firma, der die Mitarbeiter unpersönlich, starr und uneinsichtig wie austauschbare Maschinen behandelt. Mit viel Werbung versucht man das Image einer Unternehmung aufzupolieren; hier, wo es praktisch nichts kostet, versagt man gelegentlich!

Zeugnisformulierungen haben eine bedeutende Rückwirkung auf das Klima zwischen Mitarbeitern und deren Führung und eine beachtliche Strahlungswirkung nach außen. Prozesse wegen Zeugnisformulierungen verdienen keinen Orden, sondern eine Rüge. Sie sind letztlich immer eine Folge des Versagens der Verantwortlichen im Personalbereich.

2.3 Das Zwischenzeugnis

Ein geschickter Arbeitnehmer wird bereits im Arbeitsvertrag vereinbaren, dass er nach einem bestimmten Zeitraum auch ohne Angabe von Gründen, zum Beispiel jeweils nach 2 Jahren und beim Wechsel des Vorgesetzten, ein Zwischenzeugnis erhält. Das spart viel Ärger – und man weiß immer, woran man ist. Wer denkt aber schon bei Abschluss des Arbeitsvertrages an ein Arbeitszeugnis!

Von der Seite des Arbeitgebers wird jedes Zeugnis, das vor dem Ausscheiden des Mitarbeiters aus der Firma geschrieben wird, als Zwischenzeugnis bezeichnet. Das hat zwei Gründe: Einmal wird der Mitarbeiter nicht in der Arbeitsleistung nachlassen (Disziplinierungsfunktion!); zum anderen läuft der Arbeitgeber nicht Gefahr, etwa bei strafbaren Handlungen zwischen der Zeugniserstellung und dem Ausscheiden des Mitarbeiters aus der Firma von einem neuen Arbeitgeber haftbar gemacht zu werden. Beim Ausscheiden des Mitarbeiters wird dann das zu Bewerbungen benötigte Zwischenzeugnis gegen das Endzeugnis ausgetauscht.

Zwischenzeugnisse sind für den Arbeitnehmer – wenn es keine vertragliche Regelung gibt – immer problematisch. Wie wird der Vorgesetzte reagieren? Wird er einen guten Mit-

arbeiter nicht verlieren wollen und ihm innerhalb der Firma Aufstiegschancen eröffnen, die ohne Zwischenzeugnis anderen zugekommen wären? Wenn man mit Zwischenzeugnissen pokern will, muss man jung genug und beruflich fit sein.
Oder wird man als „unsicher" auf das zweite Gleis geschoben? Vielleicht ist die Geschäftsleitung froh, den Arbeitnehmer loszuwerden. Dann wird man ihn wegzuloben suchen.
Man kann diesen Problematiken leicht entgehen. In gut geführten Firmen werden in regelmäßigen Abständen Mitarbeiterbeurteilungen durchgeführt. Der zukünftige Arbeitgeber kann aus einer Kopie alles erfahren, was er wissen will. Und er wird nicht den falschen Verdacht schöpfen, der neue Bewerber wäre bereits gekündigt.

2.3.1 Rechtsansprüche und Einsatzbereiche bei Zwischenzeugnissen

Zwar besteht nur ein gesetzlicher Anspruch auf ein Zeugnis dem Wortlaut nach; in der Praxis jedoch ist ein Zeugnis, in diesem Fall ein Zwischenzeugnis, nach der Kündigung auszustellen. Der Mitarbeiter soll die Möglichkeit haben, bei der Bewerbung eine aktuelle Unterlage vorzulegen. Wie bedeutsam eine derartige Regelung ist, wird durch die Aufnahme in die Manteltarifverträge gezeigt. Dort wird die Erstellung eines „vorläufigen Zeugnisses" oder eines Zwischenzeugnisses jederzeit oder bei berechtigtem Interesse vereinbart.
Ein derartiges „anzuerkennendes Interesse" an einem Zwischenzeugnis entsteht

- bei betriebsexternen Fortbildungsmaßnahmen, bei denen ein Zeugnis erteilt wird,

- wenn die Struktur des Unternehmens maßgeblich verändert wird,
- wenn ein maßgeblicher Vorgesetzter des Arbeitnehmers ausscheidet,
- bei der Zuweisung eines neuen Tätigkeitsbereiches in der Firma,
- bei der Wahl des Arbeitnehmers in den Betriebsrat,
- bei einer Versetzung in einen anderen Betriebsteil oder in das Ausland,
- wenn Entlassungen bevorstehen,
- bei der Übernahme eines politischen Mandats.

Ein Arbeitnehmer kann nach § 82 Abs. 2 BetrVG jederzeit vom Arbeitgeber verlangen, dass die Möglichkeiten seiner beruflichen Verbesserung im Betrieb erörtert werden. Bei Betrieben unter 5 dauernd Beschäftigten wird stattdessen ein Anspruch auf ein Zwischenzeugnis entstehen. Ein Zwischenzeugnis wird auch gewährt werden müssen, wenn sich zum Beispiel für einen Mitarbeiter im Betrieb keine Entwicklungsmöglichkeiten mehr abzeichnen. Gleiches gilt auch dann, wenn die Ehefrau beruflich versetzt werden soll und umgekehrt. Maßgeblich ist die im Einzelfall entstehende *Fürsorgepflicht* des Arbeitgebers, bei der in zumutbarer Weise die Interessen des Arbeitnehmers zu berücksichtigen sind.

2.3.2 Beurteilungskriterien für Zwischenzeugnisse

Inhaltlich gelten auch für Zwischenzeugnisse die Grundsätze eines Schlusszeugnisses. Zwischenzeugnisse sind für den Arbeitgeber oft deshalb problematisch, weil bei einem Kündigungsschutzprozess nach einer Kündigung gegenüber dem

Das Zwischenzeugnis

Arbeitnehmer aus verhaltensbedingten Gründen der Arbeitgeber vor einer deutlich verschlechterten Beweissituation steht.
Wenn im Hinblick auf eine langjährige korrekte Tätigkeit ein positives Zwischenzeugnis ausgestellt wurde, so dürfen sich bei einem nach wenigen Monaten ausgestellten Schlusszeugnis auch bei negativen Vorfällen in dieser Zeit die positiven Grundbewertungen nicht ändern. War aber das positive Zwischenzeugnis unwahr, so muss der Arbeitgeber dieses Zwischenzeugnis zurückverlangen und durch ein wahrheitsgemäßes Schlusszeugnis ersetzen. Es gelten dieselben Regeln wie bei einem Schlusszeugnis.
Die ideale Grundlage für ein Zwischenzeugnis ist eine regelmäßige Personalbewertung.
Normalerweise werden Zwischenzeugnisse als qualifizierte Zeugnisse geschrieben, doch sind auch einfache Zwischenzeugnisse möglich; allerdings haben diese dann die übliche geringere Aussagekraft. Bei der Beurteilung eines Zwischenzeugnisses wird man sich vor allem fragen müssen:

- Will der Arbeitnehmer sich verändern?
- Will er ein Druckmittel in die Hand bekommen?
- Will er zeigen, dass er an einem Aufstieg in der eigenen Firma interessiert ist?
- Bahnen sich beim Mitarbeiter familiäre Veränderungen an?
- Verschlechtert sich sein Verhältnis zu seinen Vorgesetzten?
- Ist er mit der allgemeinen betrieblichen Situation nicht zufrieden?

Wenn eine Vertrauensbasis besteht, sollte man ein persönliches Gespräch – kein Dienstgespräch – führen, um eventuelle Schwachstellen im Betriebsklima zu erspüren. Der Wunsch nach Zwischenzeugnissen kann persönliche Gründe haben;

oft aber sind diese Entwicklungen der erste Schritt nach einer Verschlechterung der Atmosphäre im Betrieb. Will man einen guten Mitarbeiter halten, so muss man sehr früh einer Abwanderungstendenz entgegenwirken. Sind erst einmal Entscheidungen gefallen, wird man einen „Wanderer" nicht aufhalten können.

2.3.3 Muster eines einfachen Zwischenzeugnisses

Firma und Niederlassungsort
                              Fulda, den 31.3.2008

Zwischenzeugnis

Frau Karin Gschwendtner, geb. Haubrich, geb. 2.3.1973, ist seit 1.4.2003 in unserem Hause als Automatenbedienung tätig.
Zu ihren Aufgaben gehört die selbständige Materialbeschickung von fünf Traub-Holzdrehautomaten, die Kontrolle der Qualität der Dreherzeugnisse sowie die Abschaltung bei Mängeln.
Frau Gschwendtner erhält auf eigenen Wunsch das Zwischenzeugnis zum 31.3.2008, da sie mit einer beruflichen Versetzung ihres Gatten rechnen muss.

Halsner-Automatendreherei
Halsner

Beurteilung: Ein Zeugnis, das einer Arbeitsbescheinigung mit der Arbeitsbeschreibung, aber ohne das Enddatum entspricht. Hier ist das Tagesdatum gültig. Der Grund der Ausstellung des Zwischenzeugnisses muss nicht angegeben werden, erklärt aber hier eine Bewerbung in einem bestimmten Ort –

an den ihr Mann versetzt wird. Eine Beurteilung von Leistung und Verhalten entfällt wie bei jedem einfachen Zeugnis. Sie ist auch hier nicht nötig; denn wer in der Lage war, 5 Jahre lang diese Arbeit zur Zufriedenheit durchzuführen (sonst hätte doch mit einer Veränderung gerechnet werden müssen), der hat die für diese Arbeiten nötige wesentliche Voraussetzung – die Monotoniefestigkeit – in hohem Maße. Das Zeugnis genügt, um einen gleich gelagerten Arbeitsplatz als Hilfsarbeiterin zu erhalten.

2.3.4 Muster eines qualifizierten Zwischenzeugnisses

Firma und Niederlassungsort
                                             Bremen, 30.6.2008

Zwischenzeugnis

Frau Mathilde Körner, geb. 22.8.1984 in Bremen, arbeitet in unserer Firma seit dem 1.1.2004 als Bürohilfskraft.
Zu ihren Aufgaben gehören Arbeiten in der Registratur und Verwaltung. Da sie flott und richtig tastschreiben kann, wurde sie auch zum Schreiben von Rechnungen und Briefen nach Vorlage herangezogen.
Ihr Verhalten war stets freundlich und zuvorkommend. Frau Körner hat stets Leistungen zu unserer vollen Zufriedenheit gebracht. Gewissenhaftigkeit und Zuverlässigkeit waren tadellos. Dieses Zwischenzeugnis wird auf Wunsch von Frau Körner ausgestellt, damit sie sich bei einer Weiterbildungsmaßnahme bewerben kann.

Landhandel-GmbH
Hubauer

Beurteilung: Ein Zeugnis wie ein anderes qualifiziertes Zeugnis auch – nur anstelle des Grundes für den Wechsel des Arbeitsplatzes steht der Hinweis, warum das Zwischenzeugnis erstellt wurde. Auf die Schlussfloskel wurde verzichtet.

Die in Zwischenzeugnissen übliche Vorsicht fehlt hier. Man sollte, wie wir gehört haben, bei Zwischenzeugnissen eher vorsichtig mit lobenden Bemerkungen sein. Hier entfällt allerdings der Grund zur Zurückhaltung. Auf andere Zwischenzeugnisse mit guten Bewertungen folgen oft Forderungen nach übertariflichen Zulagen. Jeder wird trachten, sich so teuer wie möglich zu „verkaufen".

2.4 Ausbildungszeugnisse

Berufsausbildungszeugnisse wird es in den verschiedensten Formen geben müssen, denn es ist jeweils das Ziel der Ausbildung und die tatsächlich erreichte Stufe zu berücksichtigen. Besonders gilt es, die erworbenen Fertigkeiten und Kenntnisse zu beschreiben, die bei der Ausbildung in den einzelnen Abschnitten vermittelt wurden. Erlangte Abschlüsse müssen genannt werden; doch auch ohne einen eigentlichen Prüfungsabschluss sind Leistungen und Kenntnisse bei qualifizierten Ausbildungszeugnissen zu bewerten.

Die Art der *Zeugniserteilung* wird für kaufmännische, handwerkliche und gewerbliche Auszubildende im § 16 BBiG (Berufsbildungsgesetz vom 1.4.2005) geregelt. Danach hat der *Ausbilder* – also der, der die Ausbildung durchgeführt hat, und nicht irgendein Vorgesetzter, der den *Auszubildenden* kaum kennt – das bei Beendigung der Berufsausbildung ausgestellte Zeugnis mit zu unterschreiben. Dieses enthält Angaben über

Art, Dauer und Ziel der Berufsausbildung sowie die erworbenen Fertigkeiten und Kenntnisse. Führung, Leistung und besondere fachliche Fähigkeiten sind auf Verlangen des Auszubildenden oder Umschülers anzugeben.

2.4.1 Besonderheiten in Formulierung und Aussage

Bei der Beurteilung eines jungen, in der Ausbildung stehenden Menschen ist *„verständiges Wohlwollen"* oft unverzichtbar. Bei der Sammlung von beruflicher Erfahrung können erhebliche Fehler vorkommen; trotzdem mögen im letzten Ausbildungsabschnitt gute, verwertbare Arbeitsergebnisse vorliegen. Allerdings sollten ein Ausbildungsabbruch und ein erfolgloser Ausbildungsabschluss beziehungsweise die Wiederholung der Prüfung vermerkt werden. Ähnliche Bestimmungen gelten z. B. für *Volontäre und Praktikanten,* (§26 BBiG), die kein echtes Entgelt wie die Auszubildenden (Ausbildungsvergütung) und keine abschließende Ausbildung erhalten. Praktikanten, die praktische Arbeiten als Grundlage für ein Studium nachweisen müssen, erhalten analoge Zeugnisse, in der Regel ohne eine Bewertung der Tätigkeit. *Werkstudenten* wollen Geld verdienen; sie werden wie Arbeitnehmer im befristeten Arbeitsverhältnis behandelt.

2.4.2 Beispiel eines einfachen Berufsausbildungszeugnisses

15

Firma und Niederlassungsort
München, 30.6.2008

Berufsausbildungszeugnis

Frau Ute Hirschner, geb. 2.5.1990 in Kirchberg, wurde in der Zeit vom 1.7.2005 bis 30.6.2008 in meinem Malereibetrieb als Malerin ausgebildet.

Sie beendete die Ausbildungszeit mit der Gesellenprüfung vor der Handwerkskammer und erzielte die Gesamtnote „gut".

Frau Hirschner erlernte in meinem Betrieb alle vorkommenden Maler- und Tapeziererarbeiten im Innenraum und bei der Fassadenbearbeitung. Gleiches gilt für die Schildermalerei, mit der sie sich in meinem Studio vertraut machte.

Für ihre weitere berufliche Tätigkeit und für die persönliche Zukunft wünschen wir ihr alles Gute.

Meißner
Malermeister

Beurteilung: Was würden Sie denken, wenn Sie Frau Hirschner einstellen wollten? Ein Gesellenbrief mit „gut" und dann dieses dürftige Zeugnis? Über das Ausscheiden und die Gründe ist aus dem Zeugnis natürlich nichts zu entnehmen. Es ist heute durchaus üblich, dass auch gute Auszubildende nach der Gesellenprüfung nicht übernommen werden können.

Wertvoll ist der Hinweis, auf die Tätigkeit in der Schildermalerei.

2.4.3 Beispiel eines qualifizierten Berufsausbildungszeugnisses

Firma und Niederlassungsort
Köln, 30. September 2008

Berufsausbildungszeugnis

Frau Waltraud Wehmeyer, geb. 14.4.1989 in Bergisch-Gladbach, wurde in meinem Betrieb vom 1. August 2005 bis zum 30. September 2008 als Bau- und Möbeltischlerin ausgebildet.
Sie schloss diese Ausbildung mit der Gesellenprüfung vor der Handwerkskammer mit der Gesamtnote „sehr gut" ab.
Frau Wehmeyer erlernte in unserem Hause alle Tischlerarbeiten, die im Bau- und im Möbelbereich vorkommen. Sie ist firm im Zuschnitt, in der Maschinenarbeit, der Bankarbeit und auf der Montage sowie in allen Restaurationsarbeiten am Bau und bei Möbeln aller Art.
Sie erledigte alle Arbeiten mit nicht nachlassendem Eifer und Fleiß, mit Sorgfalt und Genauigkeit. Ihre hilfsbereite und zuvorkommende Art, ihre fröhliche Stimmung schufen ihr nur Freunde im Kollegenkreis und bei der Kundschaft.
Wir begrüßen es sehr, dass Frau Wehmeyer nun in unsere Restaurationswerkstatt eintritt, um nach 2-jähriger Praxis eine einschlägige Fachschule besuchen zu können.

Huber
Tischlermeister

Beurteilung: Eine erstklassige Mitarbeiterin – wenn man sie richtig einsetzt. Kann eine gute Führungskraft werden. Was steht zwischen den Zeilen? Da hat ein Meister Sorgfaltspflicht ausgeübt, nicht nur daran gedacht. Schade, wenn die junge Frau an falscher Stelle aufgerieben würde! Also spielt man ein bisschen Schicksal und schreibt ein Ziel in ein Zeugnis, das man eigentlich so nicht vorgeben dürfte. Warum aber nicht? Oft müssen Eltern erst überzeugt werden, einem jungen Menschen eine Zusatzausbildung zu ermöglichen.

2.4.4 Beispiel eines Praktikantenzeugnises

> Firma und Niederlassungsort
>
> Neustadt i. W., 30. 8. 2008
>
> **Praktikantenzeugnis**
>
> Herr Stud.-Ing. Herbert Hübner, geboren am 12. 6. 1985, war in unserem Hause vom 1. 7. 2008 bis 30. 8. 2008 als Praktikant tätig. Herr Hübner arbeitete in dieser Zeit in unserer Arbeitsvorbereitung, um sowohl die manuelle Planung, Steuerung und Kontrolle eines komplizierten Fertigungsablaufes wie auch dessen Rechenunterstützung kennen zu lernen.
>
> Er war sehr aufgeschlossen und zeigte beachtliche Computer-Kenntnisse, die es ihm ermöglichten, schnell kleinere Aufgaben zu übernehmen. Mit seinen guten Umgangsformen und der freundlichen Art hat er unsere Mitarbeiter überzeugt, die ihn gerne auch in komplizierte Zusammenhänge und Arbeiten einführten. Wir würden uns freuen, wenn Herr Hübner im nächsten Jahr seine Semesterferien wieder als Praktikant bei uns verbringen könnte.
>
> Wir wünschen ihm für den Verlauf seines weiteren Studiums viel Erfolg.
>
> Mengler-Maschinenbau
> Mengler

Beurteilung: So zieht man sich Führungskräfte heran und in das Haus! Warum nicht? Sich unter den Praktikanten umzusehen, ist eine der Möglichkeiten, die Risiken von Fehlgriffen zu reduzieren. Das Zeugnis hat nur einen Fehler: Der Aussteller versteht offenbar nichts von Computern. In so einem Fall werden einzelne Computer-Programme aufgezählt.

2.5 Probezeitzeugnisse

In der Praxis treten heute drei Formen der Beschäftigung auf, die als *Probezeit* anzusprechen sind:
1. das unbefristete Arbeitsverhältnis mit vorgeschalteter Probezeit;
2. das befristete Probearbeitsverhältnis alter Prägung;

in beiden Fällen kann dann nach § 630 BGB das Arbeitsverhältnis, unabhängig von den vertraglichen Vereinbarungen, als „dauerndes Arbeitsverhältnis" angesehen werden.

Seit der Geltung des Artikels 1 § 1 des Beschäftigungsförderungsgesetzes 1985 sind befristete Arbeitsverhältnisse in stärkerem Umfang als vorher möglich. Es kommt also mehr und mehr

3. das befristete Arbeitsverhältnis mit gesondertem Vertrag hinzu, das wie ein Probearbeitsverhältnis gehandhabt wird.

Auch bei einem Probearbeitsverhältnis besteht der Anspruch auf Zeugniserteilung.

2.5.1 Grundsätze der Aussage

Wenn ein Arbeitsverhältnis nach der Probezeit abgebrochen wird, so ist bei einem *einfachen Zeugnis* der Hinweis auf die Probezeit nicht zulässig. Man könnte darin einen Fingerzeig, eine (negative) Bewertung von Führung und Leistung sehen. Bei einem *qualifizierten Zeugnis* allerdings ist ein Hinweis auf den Charakter als Probearbeitsverhältnis möglich. Auch bei einem befristeten Arbeitsverhältnis lässt sich die Pflicht des

Arbeitgebers zur Erteilung eines Zeugnisses aus der Fürsorgepflicht ableiten.

Ein Werturteil über einen Menschen nach kurzer Zeit abzugeben, wird immer riskant bleiben. Zufällige Eindrücke haben oft die Oberhand gewonnen. Allerdings ist es auch nicht möglich festzulegen, nach welcher Zeitdauer man wohl ein sicheres Urteil abgeben kann. Man sollte hier die Zuflucht zu einem einfachen Zeugnis nehmen; das ist besser als zuzugeben, dass man sich ein klares Urteil durch die Kürze des Arbeitsverhältnisses nicht bilden konnte. Die Empfehlung gilt natürlich auch dann, wenn der Zeitraum im Prinzip ausreiche, sich ein Bild von dem Mitarbeiter zu machen.

2.5.2 Beispiel eines Probezeitzeugnisses bei Kündigung durch den Mitarbeiter

18

Firma und Niederlassungsort

Hameln, 30.3.2008

Herr Werner Unger, geb. 20.3.1976 in Uslar, war bei uns vom 1.2. bis 30.3.2008 als Betriebsschlosser beschäftigt.

Zu seinen Aufgaben gehörte die Wartung unseres umfangreichen Maschinenparks, vor allem im Bereich der Montagemaschinen. Die kurze Zusammenarbeit ermöglicht keine ausführliche Beurteilung der Leistung, doch wurden die Herrn Unger übertragenen Arbeiten zu unserer Zufriedenheit ausgeführt.

Das Verhalten im Betrieb seinen Kollegen und Vorgesetzten gegenüber war stets einwandfrei.

Herr Unger verlässt unser Unternehmen auf eigenen Wunsch. Wir wünschen ihm für die Zukunft alles Gute.

Maschinenbau-GmbH
Meier

Beurteilung: Wichtig: Es wird an keiner Stelle darauf hingewiesen, dass es sich um ein Probearbeitsverhältnis handelte. Das kann ja – bei 2 Monaten Dienstzeit – nicht anders zu interpretieren sein. Herr Unger wird selbst erklären müssen, warum er nach der kurzen Zeit aus freien Stücken die Firma verlassen hat.

Selbst bei einem Facharbeiter können mehrere derartig kurze Arbeitsverhältnisse dazu führen, dass die Bewerbungen im Beruf chancenlos werden. Wer will schon die Mühe der Einarbeitung auf sich nehmen, wenn die Gefahr vorhanden ist, dass eine eventuelle Störung zu einer Lösung des Arbeitsverhältnisses führt!

Bei jungen Mitarbeitern wird man 1 bis 2 Jahre Betriebszugehörigkeit in der Aufbau- und Lernzeit für akzeptabel halten; bei Führungskräften in der Leistungsphase sollte die Anstellung länger als 5 Jahre dauern.

2.5.3 Beispiel eines Probezeitzeugnisses bei Kündigung durch die Firma

> Firma und Niederlassungsort
>
> Würgau, 27.3.2008
>
> Herr Anton Urs, geb. am 21.5.1973 in Braunau, war bei uns vom 1.2.2008 bis 25.3.2008 als Kraftfahrzeug-Mechaniker beschäftigt.
> Herr Urs hatte die Aufgabe, die anfallenden üblichen Reparatur- und Wartungsarbeiten an Kraftfahrzeugen durchzuführen.
> Er hat sich bemüht, den Anforderungen gerecht zu werden.
> Nach einer Abmahnung wegen unentschuldigten Fehlens sehen wir uns nach einem Wiederholungsfall gezwungen, zur Erhaltung der Arbeitsbereitschaft unserer Reparaturwerkstatt das Arbeitsverhältnis fristgerecht zu lösen.
>
> Kleiber
> Kraftfahrzeug-Meister

Beurteilung: Ein qualifiziertes Zeugnis, in dem das Verhalten – vernichtend – beurteilt wird. Ein einfaches Arbeitszeugnis ohne Bewertung und Nennung des Kündigungsgrundes wäre hier besser gewesen.

Der Arbeitgeber rechnet damit, dass diese – wahrheitsgemäße – Aussage nicht aus dem Zeugnis hinausgeklagt wird.

Ist die Fürsorgepflicht verletzt? Auch wenn man das nicht so klar sagen kann, so wird Herr Urs mit diesem Zeugnis auf keinen Fall mehr eine angemessene Position erhalten.

Man ist geneigt, in der Persönlichkeit des Zeugnisausstellers einen „Vernichter" zu sehen – zweifellos kein Kompliment. Delikate Fälle dieser Art lassen sich auch anders handhaben.

2.6 Zeugnisse bei befristeten Arbeitsverhältnissen

Für Dienstverhältnisse aller Art gelten die Bestimmungen des § 611 ff. BGB, nach dem neben dem Austausch von Leistungen der Grundsatz der beiderseitigen Treue zum Ansatz kommt. Zwar ist die Fürsorgepflicht bei längerer Betriebszugehörigkeit für den Arbeitgeber größer, doch wird sie selbst nach nur 4 Wochen bereits so aktuell, dass ein Anspruch auf ein Arbeitszeugnis entsteht. Eine Auskunftspflicht des Arbeitgebers wird heute allgemein (als „nachwirkende Fürsorgepflicht") ebenfalls bejaht.

Auch bei Aushilfsarbeitsverhältnissen ist, wenn die Arbeitsdauer nicht extrem kurz bleibt, ein Zeugnisanspruch gegeben. Bei der Formulierung des Zeugnisses sollte klar auf den Charakter des von vornherein befristeten Arbeitsverhältnisses eingegangen werden. Kurze Arbeitsverhältnisse wirken sich normalerweise für den Arbeitnehmer schädlich aus, weil ja in der Regel versucht wird, die am wenigsten brauchbaren Mitarbeiter zuerst zu entlassen. Ein Hinweis auf eine zeitlich begrenzte Aufgabe kann dagegen durchaus positiven Eindruck machen, wenn etwa gleichzeitig auf eine selbständige Durchführung der Tätigkeit hingewiesen wird.

2.6.1 Besonderheiten nach neuer Gesetzgebung

Das Arbeitsförderungsgesetz von 1985 lässt den befristeten Arbeitsverträgen mehr Spielraum und verlängern in der Praxis häufig die Probezeit.

Nicht nur die Gesetzgebung, auch der „Brauch", die übliche Handhabung im Betrieb, verändert die Form von Zeugnissen.

Immer mehr treten tabellarische, auf Formblättern geschriebene Zeugnisse in Erscheinung. Auch bei „normalen" Zeugnissen werden die Texte kürzer, im Aufbau tabellarischer. Hier ist alles im Fluss, denn Stillstand bedeutet Rückschritt.

2.6.2 Muster eines Zeugnisses bei befristetem Arbeitsverhältnis

[20]
> Firma und Niederlassungsort
>
> Blendheim, 30.9.2008
>
> **Zeugnis**
>
> Herr Gerd Brauer, geb. am 15.6.1973 in Grundstadt, trat am 1.4.2008 als Maurer in ein bis zum 30.9.2009 befristetes Arbeitsverhältnis ein.
>
> Herr Brauer hatte die Aufgabe, bei der Modernisierung und Instandsetzung anfallende Maurerarbeiten selbständig nach Anweisung unseres Architekten durchzuführen. Nach übereinstimmender Ansicht ist ihm das hervorragend gelungen.
>
> Herr Brauer war stets zuvorkommend, fleißig und hilfsbereit. Er führte seine Arbeiten mit Ruhe und Umsicht durch; an seinem Verhalten war nichts auszusetzen.
>
> Nach dem Abschluss der vorgesehenen Arbeiten wünschen wir Herrn Brauer ein neues, gutes Arbeitsverhältnis. Wir können ihm jederzeit die beste Empfehlung ausstellen.
>
> Mobila-Handelsgesellschaft
> Brunner

2.7.1 Die Gliederung tabellarischer Zeugnisse

Der Aufbau entspricht praktisch dem eines tabellarischen Lebenslaufes. Man kann mit Benotungen in Zahlen arbeiten, die auf dem Formblatt erläutert werden, aber auch Wortbeurteilungen wählen. Es können einzelne Wörter wie „hervorragend" oder kleine Sätze verwendet werden. Beurteilungs bogen müssen mit dem Betriebsrat abgestimmt sein. Man wird zum Beispiel folgendes Schema übernehmen:

Empfänger(in): ....
Eintritt: ....
Tätigkeit: ....
Weitere Tätigkeiten: ....
Beendigung des Arbeitsverhältnisses: ....

I. Fachliche Beurteilung
    1. Fachwissen: ....
    2. Eignung: ....
    3. Interesse an der Arbeit: ....
    4. Arbeitsinteresse: ....
    5. Leistung: ....
    6. Arbeitsweise: ....
    7. Arbeitstempo: ....

II. Charakterbild
    1. Einstellung zum Betrieb: ....
    2. Teamverhalten: ....
    3. Verhalten innerhalb der Gemeinschaft: ....
    4. Eignung als Vorgesetzter: ....
    5. Sonstige Qualifikation: ....

Schlussfloskel
Ort, Datum und Unterschrift

Natürlich kann man auch ein Zeugnis aufbauen, bei dem nur einzelne Bereiche angekreuzt werden. Weil dort die Wahl zum Beispiel zwischen sehr gut und gut oder befriedigend und ausreichend so hart präsentiert wird, symbolisieren derartige Zeugnisse, vor allem für langjährige Mitarbeiter, so etwas wie Menschenverachtung.

Ein gut geschriebenes tabellarisches Zeugnis wird jedoch einem ebenso guten normal geschriebenen ebenbürtig sein, ja oft überlegen. Durch den Zwang zur Schematik steigt die Übersichtlichkeit. Nichts spricht – verwendet man kein Formular, sondern schreibt im tabellarischen Schema – gegen eine ausführliche, ja sehr gründliche Behandlung der einzelnen Punkte. Auch sind tabellarische Zeugnisse glaubwürdiger, sobald man erkennt, dass hinter dem Resümee am Ende einige Zwischenbeurteilungen stehen, die mehr „Gewicht" bringen.

Abschließend legen wir nun zu der Titelfrage nach den Arten von Arbeitszeugnissen fünf tabellarische Zeugnisse vor, bei denen allerdings nur das Muster-Formular präsentiert wird. Versuchen Sie bitte die Beantwortung erst einmal selbst! Sie werden erkennen, dass trotz des starren Schemas ein gründliches, aussagefähiges Zeugnis entsteht. Auch neuere Formen können Vorteile haben.

2.7.2 Muster-Formular eines tabellarischen einfachen Arbeitszeugnisses

```
Firma und Standort                           Ort, Datum
Zeugnis
Herr/Frau................................
geboren am...............in................
war vom..........bis..........in unserem Betrieb
als................................
beschäftigt.
Die Tätigkeiten umfassten:
................................
................................
Herr/Frau............verlässt uns............
................................

................
Unterschrift
```

2.7.3 Muster eines tabellarischen einfachen Arbeitszeugnisses, entsprechend einer Arbeitsbestätigung (Formular)

```
Firma und Standort                           Ort, Datum
Zeugnis
Herr/Frau................................
geboren am...............in................
war in unserem Betrieb vom..........bis............
als............................beschäftigt.

................
Unterschrift
```

2.7.4 Muster-Formular eines tabellarischen Arbeitszeugnisses mit Noten

Firma und Standort   Ort, Datum

Zeugnis

Herr/Frau . . . .
geboren am . . . . in . . . .
wurde vom . . . . bis . . . . in der Abteilung
. . . . als . . . .
beschäftigt.

Verhalten und Leistungen werden wie folgt beurteilt:

	Bewertung
Fachkenntnisse	. . . .
Praktische Fertigkeiten	. . . .
Quantität der Arbeit	. . . .
Qualität der Arbeit	. . . .
Leistungsbereitschaft	. . . .
Selbstständigkeit	. . . .
Zuverlässigkeit	. . . .
Organisationsvermögen	. . . .
Zusammenarbeit im Team	. . . .
Sicherheitsbewusstsein	. . . .
. . . .	. . . .

Gesamtwertung: . . . .
Herr/Frau . . . .
verlässt uns . . . .
. . . .
Wir wünschen für den weiteren Lebensweg viel Erfolg.

. . . .
Unterschrift

Bewertungsskala:
1 erheblich über dem Durchschnitt
2 über dem Durchschnitt
3 Durchschnitt
4 unter dem Durchschnitt
5 erheblich unter dem Durchschnitt

2.7.5 Muster-Formular eines tabellarischen qualifizierten Arbeitszeugnisses

Firma und Standort   Ort, Datum

Zeugnis

Empfänger (in): . . . . geb. am . . . .
              in . . . .
Beginn des Arbeitsverhältnisses: . . . .
Beschreibung der Tätigkeiten: . . . .
. . . .
. . . .
Beendigung des Arbeitsverhältnisses: . . . .
Grund: . . . .
             . . . .
Dem Wunsch entsprechend bestätigen wir gerne im Schlusszeugnis die Ergebnisse der regelmäßigen betrieblichen Beurteilung:

I. Fachliche Beurteilung
1. Fachwissen im Arbeitsbereich . . . .
2. Fachkönnen im Arbeitsbereich . . . .
3. Eignung . . . .
4. Interesse an der Arbeit und ihrem Ergebnis . . . .
. . . .
5. Auffassungsgabe . . . .
6. Arbeitsweise . . . .
7. Arbeitstempo . . . .
8. Gesamtleistung . . . .

II. Verhalten
1. Umgangsformen . . . .
2. Teamfähigkeit . . . .
3. Zuverlässigkeit . . . .
4. Vertrauenswürdigkeit . . . .
5. Führungsfähigkeit . . . .
6. Sicherheitsbewusstsein . . . .
Gesamtbewertung . . . .

. . . .
Unterschrift

2.7.6 Muster-Formular eines tabellarischen Ausbildungszeugnisses

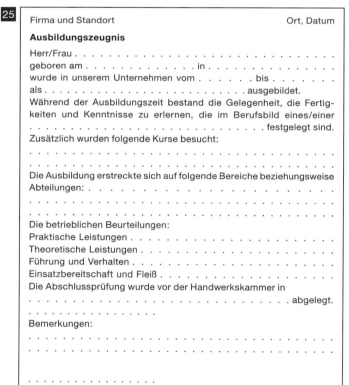

Firma und Standort   Ort, Datum

Ausbildungszeugnis

Herr/Frau . . . .
geboren am . . . . in . . . .
wurde in unserem Unternehmen vom . . . . bis . . . .
als . . . . ausgebildet.
Während der Ausbildungszeit bestand die Gelegenheit, die Fertigkeiten und Kenntnisse zu erlernen, die im Berufsbild eines/einer
. . . . festgelegt sind.
Zusätzlich wurden folgende Kurse besucht:

. . . .
. . . .
Die Ausbildung erstreckte sich auf folgende Bereiche beziehungsweise Abteilungen: . . . .

. . . .

Die betrieblichen Beurteilungen:
Praktische Leistungen . . . .
Theoretische Leistungen . . . .
Führung und Verhalten . . . .
Einsatzbereitschaft und Fleiß . . . .
Die Abschlussprüfung wurde vor der Handwerkskammer in

. . . . abgelegt.
. . . .
Bemerkungen:

. . . .
. . . .

. . . .
Unterschrift

Checkliste (B): Nach welchen Grundsätzen sind Arbeitszeugnisse zu beurteilen?

Über die Bedeutung der Arbeitszeugnisse haben wir Überlegungen angestellt; die Arten der Arbeitszeugnisse wurden aufgezeigt. Erste Muster enthielten Formulierungen, die bereits eine Gegenüberstellung erlauben. Was liegt nun näher, als die Grundsätze zu erläutern, nach denen Zeugnisse beurteilt werden!

Von dieser Beurteilung hängt es ab, ob berufliche Träume wahr werden oder nicht. Bitte bedenken Sie aber: Der Beurteiler ist ein Mensch mit subjektiven Meinungen – verschiedene Beurteiler können oft aus ein und demselben Zeugnis sehr unterschiedliche Aussagen herauslesen. Trotzdem – auch wenn die Checkliste keinen Anspruch auf Vollständigkeit erhebt – der Versuch soll gewagt werden!

Pos.	Aussage	positiv	neutral	negativ
1	Zeigt das Gesamtbild des Firmenbogens das einer modernen Firma?			
2	Wie wirken Firmenzeichen und Firmenschriftzug?			
3	Gefallen Anschrift und Aufteilung gut?			
4	Handelt es sich um eine routinierte Zeugnisausstellung oder um die eines „Amateurs"?			
5	Zeugen Fehlaussagen und zweifelhafte Aussagen möglicherweise nur von Ungeschicklichkeit?			
6	Sind Verklausulierungen zu bemerken?			

Welche Arten von Arbeitszeugnissen gibt es?

Pos.	Aussage	positiv	neutral	negativ
7	Ist das Zeugnis gut gegliedert?			
8	Zeigt das Zeugnis Verärgerung oder gar eine zornige Grundhaltung?			
9	Hat ein „Vernichter" gewütet, der sich rächen will?			
A	**Beurteilung der Firma und des Ausstellers**			
10	Eigener Eindruck der Firma			
B	**Gesamtbewertung der Firma**			
11	Stimmen die Daten in der Anschrift?			
12	Sind die Angaben zur Arbeitsdauer richtig?			
13	Ist die persönliche und berufliche Entwicklung sicher dargestellt?			
14	Wurden zur Ergänzung der Aussage über die Arbeitstätigkeit Zusätze verwendet?			
15	Ist die Beurteilung der Befähigungen korrekt?			
16	Sind die Leistungen genügend gewürdigt?			
17	Wurden die Verhaltensweisen anschaulich dargestellt?			
18	Sind Aussagen über die Arbeitsweise vorhanden?			

▶

Pos.	Aussage	positiv	neutral	negativ
19	Sind Formulierungen zum Verhalten gegenüber Mitarbeitern und Vorgesetzten vorhanden?			
20	Ist die Aussage über die Arbeitnehmer-Kündigung korrekt?			
21	Ist eine aussagefähige Schlussbemerkung vorhanden?			
22	Sind Unterschrift und Stempel leserlich eingesetzt?			
C	**Bewertung des Zeugnisinhaltes und der Zeugnisaussage**			
D	**Gesamtbewertung des Zeugnisses**			

Mit unserem Beurteilungsbogen für das Zeugnis wurden der *Ausstellende* und *seine Firma* sowie die *Optik des Zeugnisses* beurteilt. Nicht die Stufungen! Das soll einer weiteren Checkliste überlassen bleiben. Zur Verdeutlichung noch einmal: Wir üben hier, den Zeugnisschreiber, nicht den Bewerber, zu klassifizieren, um seine Darstellung richtig zu gewichten!

Ist der Test gelungen?

Sicher haben Sie nun ein Ergebnisschema über Ihre Analyse, zum Beispiel Note 1 bis 6, erwartet.

Ein Zeugnis lebt nicht nur von den Einstufungen, die die Leistung beschreiben, sondern von seiner Form. Oft ist ein tabellarisches Zeugnis auf einem Vordruck besser als ein schlecht formuliertes maschinengeschriebenes.

Ein gut gestaltetes, gut geschriebenes Zeugnis ist bei gleicher Aussage über Leistung und Verhalten einem schlecht gestalteten, schlecht geschriebenen und frei formulierten Zeugnis überlegen, was die positive Wirkung auf den Leser betrifft.

Was kann ein Bewerber denn schon taugen, wenn er aus einer Firma kommt, die nicht einmal ein „vernünftiges" Zeugnis ausstellen kann.

Es gehört zur ersten Fürsorgepflicht des Arbeitgebers, dass die aus seinem Hause kommenden Zeugnisse solide wirken, man sich nicht mit ihnen blamiert.

Die Wertung: Auch nur einmal „neutral" oder „negativ" ist schon zu viel! Es nimmt Chancen, auch bei der besten Einstufung in der Aussage.

Wissen Sie nun, warum oft der eine eingeladen wird zur Vorstellung und der andere nicht? Es liegt meist an der Gediegenheit der Bewerbung – und Zeugnisse sind ein wesentlicher Teil davon.

3 Hilfen zum Formulieren von Arbeitszeugnissen

Sowohl beim einfachen als auch beim qualifizierten Zeugnis sind, wie wir gesehen haben, zwei Formen möglich: einmal das heute bei weitem überwiegende textlich formulierte, individuell geschriebene Zeugnis, zum anderen das mit Hilfe eines Vordruckes geschriebene Zeugnis, bei dem, wie bei dem Schulzeugnis, nach vorgegebenen Regeln Noten eingetragen werden. Auch kurze, aber variable vorformulierte Texte sind möglich.

Hier hat man das „Formulieren" von Zeugnissen auf ein Minimum reduziert oder gar ganz aufgegeben. Ist das für den Zeugnisempfänger vorteilhaft? Die Erfahrung zeigt, dass derartige Zeugnisse dem Betroffenen gerechter werden und als weniger hart empfunden werden. Das ist auch der Grund, warum sich diese Art von Zeugnissen allmählich mehr durchsetzt. Die Furcht, neue Arbeitgeber würden sich an der schablonenhaften Form von Zeugnissen stoßen und sie frei formulierten Zeugnissen nicht gleichsetzen, wird in den meisten Fällen unbegründet sein.

Man muss ja nicht in jedem Fall zu dieser „konfektionierten" Zeugnisart Zuflucht nehmen; sie wird wohl anfangs auf diejenigen Arbeitnehmer beschränkt bleiben, die nur kurze Zeit in der Firma tätig waren. Wenn ein langjährig bewährtes Mitglied der Belegschaft ausscheidet, wird man meist ein frei formuliertes Zeugnis wählen.

3.1 Grundsätzliche Fragen zum Einsatz von Formulierungsbausteinen

Vorformulierte Aussagen, zum Beispiel über Eignung oder Leistung, Verhalten oder andere Qualitäten, haben den Vorteil, dass man eine klare Aussage erhält. Warum dann nicht, wie bei manchem Zeugnisformular üblich, auf der Rückseite eine genaue Beschreibung und Erläuterung der Beurteilungsstufen aufbringen? Bei Schulzeugnissen gehören diese wesentlichen Informationen an den Leser heute zu den Selbstverständlichkeiten. Man empfindet sie als nötig und zweckmäßig und setzt doch eher als bei einem formulierten Arbeitszeugnis voraus, dass ein jeder Leser die Beurteilungskriterien ohnehin kennt und versteht.

Negativ wird bei einem Baukastensystem sein und bleiben, dass es mehr oder weniger zwangsläufig zu einem schematischen Stil kommt. Man wird das akzeptieren, so wie man heute schon die „üblichen Formulierungen" anerkennen und anwenden muss, will man nicht eine arbeitsrechtliche Auseinandersetzung riskieren oder ein Zeugnis nachträglich korrigieren müssen. Formulierungsbausteine sparen Arbeit und Ärger; sie lassen sich leicht in ein Computerprogramm umsetzen. Auch dort kann man immer noch ergänzen und korrigieren.

Warum noch nicht Dutzende derartiger Programme im Handel sind, dürfte an den arbeitsrechtlichen Bedenken liegen. Man weiß nie, wie ein Richter – nur seinem Gewissen unterworfen – eine Sache sieht. Trotzdem werden wir unsere Überlegungen so aufbauen, dass aus den Aussagen ein Programm erstellt werden kann.

3.2 Zusammenstellung der Beurteilungskriterien und Bausteine

Wie bei den Überlegungen zur Checkliste B gezeigt, sollen sowohl der Aussteller und sein Unternehmen, wie auch – aber nur im engen Bereich – der Arbeitnehmer beurteilt werden. Das Unternehmen in Form und Selbstdarstellung, der Arbeitnehmer nur beim qualifizierten Zeugnis im Bereich der Leistung und des Verhaltens, wenn man von versteckten Hinweisen absehen will. Die nun folgenden Überlegungen sollen klar und ehrlich Auskünfte geben. Über Geheimcodes wollen wir später reden.

Beginnen wir also beim einfachen Zeugnis. Texte, wie sie im Computer gespeichert werden und als Angebot zur Verfügung stehen, werden ausgeschrieben. Das, was auszufüllen oder abzuändern ist, wird nur mit Punkten (..... ①.....) gekennzeichnet und später besprochen. Wir stellen Bausteine in der Reihenfolge vor, in der sie in der Praxis am häufigsten vorkommen – zuerst für einfache Zeugnisse, anschließend für die qualifizierten.

Der erste Block ist bereits klar. In der Bezugsquelle kommt das **Diktatzeichen** z. B. D/r hinzu, der Großbuchstabe für den Aussteller des Zeugnisses, der Kleinbuchstabe für die Sekretärin, die das Zeugnis tippt.

Auch kann ein Zeugnis mit der **vollen Anschrift** (Name, Berufsbezeichnung, Straße, Postleitzahl und Ort) geschrieben werden, muss es aber nicht. Bei sehr kurzen Zeugnissen wird man eine derartige Anschrift verwenden, um mehr Fülle zu erreichen; der DIN-A4-Bogen soll nicht „so leer" aussehen.

(Zeugnisse sollte man grundsätzlich nicht auf Papierformat DIN A5 schreiben!)

3.2.1 Der erste Baustein: Datum, Anrede, Name und Beschäftigung

B1

> Firma und Niederlassungsort
>
> Hamburg, ... ① ..... 20....
>
> ..... ② .....**-Zeugnis**
>
> ..... ③ .... ④ .... ⑤ ....., geboren am ..... ⑥ ..... 20....
> in ..... ⑦ .....,
>
> war vom ..... ⑧ ..... 20.... bis ..... ⑨ ..... 20.... in unserer Firma
>
> als ..... ⑩ ..... in der ..... ⑪ ..... beschäftigt.

Einzutragen sind in den ersten Baustein:
① Datum des Ausstellungstages
② Art des Zeugnisses
③ Anrede: Herr, Frau und auf Wunsch Fräulein, dazu öffentlich-rechtliche Titel sowie akademische Titel. Beispiele: Dipl.-Ing., Dipl.-Kfm., Dr.-Ing. usw.
④ Vorname
⑤ Nachname
⑥ Geburtstag
⑦ Geburtsort
⑧ Eintrittsdatum
⑨ Austrittsdatum
⑩ Funktion, zum Beispiel Sekretärin, Mechaniker, also auch Berufsbezeichnung
⑪ Abteilung des Hauses, auch der Gesamtbereich, zum Beispiel Reparaturwerkstatt.

Zu den Bestandteilen eines einfachen Zeugnisses gehören noch zwingend: Firmenbezeichnung, Unterschrift und Firmenstempel.

3.2.2 Der zweite Baustein: Unterschrift und Stempel

```
(Unterschrift)                                              B2
(Dr. Rehnagel)
Rekord-Immobiliengesellschaft mbH
Geschäftsführer Dr. Rehnagel
An der Alster 163
20457 Hamburg
```

Eingetragen wird hier nichts, denn im Freiraum wird Dr. Rehnagel oder im Auftrag eine andere Persönlichkeit der Geschäftsleitung unterschreiben. Dann muss allerdings der Namensteil (..........) ausgewechselt werden.
Mit zwei Bausteinen ist also ein einfaches Zeugnis erstellt!
Was nun, wenn man dieses Zeugnis als zu unpersönlich empfindet?
Dann sollte man noch eine versöhnliche Schlussfloskel hinzufügen.
Fünf Floskeln zur Auswahl genügen.

3.2.3 Der dritte Baustein: Schlussfloskel
Zur Auswahl stehen:

B3	1	Wir wünschen für die Zukunft alles Gute.
	2	Wir danken für die Mitarbeit und wünschen für die Zukunft alles Gute.
	3	Wir danken für die Zusammenarbeit in unserem Unternehmen und wünschen besonders für ..... ① ..... alles Gute.
	4	Wir wünschen für ..... ② ..... einen neuen, sicheren Arbeitsplatz und für das Fortkommen alles Gute.
	5	Wir wünschen ..... ③ .... ④ ..... für ..... ⑤ ..... alles Gute.

Aufpassen! Während die ersten beiden Floskeln noch voll zum einfachen Zeugnis gehören, können bei den drei folgenden Beispielen Aussagen über Verhalten und Leistung entstehen! Doch zum Detail:

Einzutragen in den dritten Baustein:
① Wenn hier, etwa bei einem Praktikumszeugnis, „... das Studium ..." eingetragen wird, ist das noch eine Aussage eines einfachen Zeugnisses ohne Wertung.
Wenn jedoch „... seine praktischen Fähigkeiten ..." ergänzt wird, so heißt das, dass man ihn im geistigen Bereich nicht überfordern soll. Dann ist das ein qualifiziertes Zeugnis!
② Hier gelten analoge Überlegungen wie bei Punkt (1).
③ = Anrede und Titel
④ = Name
⑤ Beispielsweise beim Ausscheiden wegen Antritt der Rente: „... den neuen Lebensabschnitt ..." Auch hier ist immer aufzupassen, ob arbeitsrechtlich ein einfaches oder ein qualifiziertes Zeugnis zu schreiben ist.

Dieses Zeugnis mit drei Bausteinen – gleich, ob einfach oder qualifiziert – klingt nun schon besser. Der dritte Baustein steht immer vor der Unterschrift.

Was nun, wenn die Tätigkeit besser zu beschreiben ist?

3.2.4 Der vierte Baustein: Tätigkeitsbeschreibung

Zu den Aufgaben gehörten . . . . ① . . . . und . . . . ② . . . . . . sowie . . . . ③ . . . .
Auch hier wird man unterteilen müssen: ① bezeichnet die Haupttätigkeit, ② die wesentlichere Nebentätigkeit, ③ die unbedeutendere Nebentätigkeit.

B4

Man könnte nun diesen Baustein abändern, zum Beispiel chronologische Stufen einbauen. Oder ihn anders vorformulieren. Davor ist aber dringend zu warnen.

Hier ein wesentlicher Rat:

Die Tätigkeitsbeschreibung ist vom *Fachmann* vorbereiten zu lassen. Alles, jedes technische Detail muss stimmen. Der zukünftige Chef wird bei der Bewerbung jede Schwäche erkennen und über die Qualifikation des Zeugnisausstellers sich so seine Gedanken machen. Bis hierher haben wir es immer noch mit dokumentarischen Aussagen zu tun und nicht mit Meinungen und Ansichten. Also lassen Sie sich bitte vom unmittelbaren Vorgesetzten die Angaben geben – schriftlich, damit keine Fehler vorkommen – und fragen Sie lieber noch einmal nach, statt hier eine Ungenauigkeit in Kauf zu nehmen. Stellenbeschreibungen stimmen nicht immer mit der Realität überein.

Der vierte Baustein kommt immer unter den ersten Baustein. Wenn nun aber der Mitarbeiter selbst gekündigt hat und das im einfachen Zeugnis ausgesagt wünscht? Eine Kündigung von Seiten der Firma wird nicht im einfachen Zeugnis vermerkt.

3.2.5 Der fünfte Baustein: Kündigung durch den Mitarbeiter

B5		
	1	….①….. …..②….. verlässt unser Unternehmen auf eigenen Wunsch.
	2	….①….. …..②….. verlässt unser Unternehmen auf eigenen Wunsch, um sich . . . . ③ . . . . zu können.
	Einzutragen ist: ① = Anrede und Titel ② = Name ③ = Gründe der Kündigung, zum Beispiel „… mehr der Familie widmen …", „… einer Zusatzausbildung unterziehen …" oder eine andere positive Ursache.	

3.3 Das einfache Arbeitszeugnis aus Bausteinen

Aufgebaut ist das Zeugnis so:

Baustein	B1	Anrede, Name und Arbeitsbeginn/Ende
Baustein	B4	Tätigkeitsbereich
Baustein	B5	Kündigungsart
Baustein	B3	Schlussfloskel
Baustein	B2	Unterschrift und Stempel

Die Reihenfolge des Aufbaues ist durch die Häufigkeit des Einsatzes bestimmt. Baustein B1 und B2 sind immer nötig; die anderen Bausteine kann man nach Bedarf hinzuschalten. Bei einem Computerprogramm würde man nun die Teile in Baustein B3 herausnehmen, die für ein qualifiziertes Zeugnis geeignet sind, und den Rest für ein Programm für einfache Zeugnisse verwenden.

Natürlich kann man nun firmenspezifische Wünsche hinzufügen.

3.4 Das qualifizierte Arbeitszeugnis aus Bausteinen

Wird ein Programm für qualifizierte Zeugnisse gewünscht, spielt man das Programm für einfache Zeugnisse noch einmal ein und beginnt, weitere Bausteine aufzubauen. Muss man manuell vorgehen, dann ist diese Form der „Bausteinearbeit" eine der rationellsten Vorgehensweisen. Alle Aussagen in Technik und Wirtschaft sollte man heute so aufbauen, dass sie programmierbar sind. In wenigen und rasch ausgeführten Arbeitsschritten kann man mit dem Computer gute Texte erstellen, die auf wiederkehrenden Elementen basieren.

Bei einem qualifizierten Zeugnis wird eine Kündigung der Firma vermerkt. Anstelle des Bausteines B5 = Kündigung durch den Mitarbeiter kommt dann Baustein B6 = Kündigung durch die Firma.

3.4.1 Der sechste Baustein: Kündigung durch die Firma

B6		
	1	Das Arbeitsverhältnis mit ..... ① .... ② ..... wird in gegenseitigem Einvernehmen gelöst.
	2	Wir sahen uns leider gezwungen, das Arbeitsverhältnis mit ..... ① .... ② ..... wegen organisatorischer Umstellungen aufzulösen.
	3	Wegen Auftragsmangels sahen wir uns leider gezwungen, das Arbeitsverhältnis zu kündigen.
	4	Eine interne Revision hat Unregelmäßigkeiten in der Kassenführung gezeigt. Wir sahen uns deshalb gezwungen, das Arbeitsverhältnis mit .... ① .... ② .... aufzulösen.
	5	Obwohl wir das Arbeitsverhältnis lösen, sehen wir bei ..... ① .... ② ..... bei mehr Initiative und Einsatz gute Entwicklungsmöglichkeiten.
	6	Bei systematischer Arbeit ist sicher eine beachtliche Umsatzsteigerung möglich. Da ..... ① .... ② ..... das nicht bewerkstelligte, müssen wir leider kündigen, um den Posten neu zu besetzen.
	Einzutragen ist: ① = Titel und Anrede; ② = Name	

Eine Kündigung im gegenseitigen Einvernehmen bedeutet in der Regel eine Kündigung des Arbeitgebers. Die zweite und die dritte Formulierung sollen den Arbeitnehmer schützen, weil widrige Umstände die Kündigung herbeiführten, nicht unbedingt persönliches Versagen.

Die letzten drei Aussagen jedoch stellen klar, warum gekündigt wurde. Die erste davon muss so formuliert werden, um Schadenersatzforderungen durch Dritte zu vermeiden, die bei einer weniger klaren Information unter Umständen mit gleichem Ergebnis im gleichen Bereich einen Arbeitsplatz angeboten hätten.

3.4.2 Der siebente Baustein: Leistungsbeurteilung, kombiniert mit Dank- und Glückwunschformel

1	Wir danken ..... ①..... .....②.....für die gute Zusammenarbeit und wünschen für den weiteren Berufsweg viel Erfolg.	B7
2	Wir schätzen ..... ①..... .....②..... als überdurchschnittlichen Mitarbeiter, der stets seine Pflicht erfüllte. Für den weiteren Berufsweg wünschen wir alles Gute.	
3	Wir haben ..... ①..... .....②..... trotz der kurzen Zeit der Zusammenarbeit schätzen gelernt und wünschen ihm für den weiteren Weg viel Erfolg.	
Einzutragen ist: ① = Titel und Anrede; ② = Name		

Wenn man – wie bei der letzten Formulierung – nicht oder noch nicht in der Lage ist, eine umfassende Beurteilung der Leistung zu geben, dann wird man eine einfache Leistungs- oder Verhaltensbeurteilung mit der Dank- und Glückwunschformel kombinieren. Das ist ehrlicher als neutrale Formulierungen, wobei ein Blick auf die Beschäftigungsdauer zeigt, dass eine fundierte Einschätzung nicht erwartet werden kann.

3.5 Das Kernproblem: Die Beurteilung von Leistung und Verhalten

Hier geht es nun nicht mehr um Formulierungen (der einzige Unterschied zwischen einem einfachen und einem qualifizierten Zeugnis ist ja die Beurteilung von Leistung und Verhalten). Hier dreht sich alles darum, einen möglichst allgemein gültigen Maßstab zu finden. Die Methode mit den 4 Stufungen wurde bereits bei den Beurteilungsbogen angesprochen. Normalerweise reicht das aus, und man kommt mit dieser Stufung zurecht. Doch Schulen allgemeinbildender und beruflicher Art, von der Hauptschule bis zur Akademie, haben eine sechsstufige Skala. Warum sich dieser Beurteilung nicht anschließen?

3.5.1 Gegenüberstellung von Zahlen- und Wortbeurteilungen in Zeugnissen

Note	Bedeutung	Wortbeurteilung, zum Beispiel in Berufszeugnissen
1	sehr gut	… erfüllte stets seine Aufgaben zu unserer vollsten Zufriedenheit …
2	gut	… erfüllte seine Aufgaben zu unserer vollen Zufriedenheit …
3	befriedigend	… erfüllte seine Aufgaben zu unserer Zufriedenheit …
4	ausreichend	… bemühte sich stets, seine Aufgaben zu erfüllen …
5	mangelhaft	… versuchte, den Anforderungen gerecht zu werden …

Note	Bedeutung	Wortbeurteilung, zum Beispiel in Berufszeugnissen
6	ungenügend	... mühte sich, zu einem Ergebnis zu kommen ... *oder* ... wir wünschen ihm eine Position, die seinen Fähigkeiten gerecht wird ... *(was natürlich sarkastisch gemeint ist)*

Trotzdem – es gilt immer noch die Aussage: Wer mangelhafte und ungenügende Leute einstellt, ist selbst ein Versager. So viel Menschenkenntnis müsste man mitbringen, um eine Führungsposition auszufüllen. Wenn man im Nachhinein vernichtend urteilen muss, hat man sich selbst disqualifiziert.

Für alle Formulierungen gilt: Wenn es sich auch um „böses Deutsch" handelt, so sind diese Wendungen doch eingeführt. Sie sind einprägsam und ein akzeptabler Maßstab.

3.5.2 Der achte Baustein: Facheignung

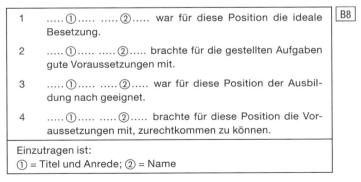

Facheignung setzt sich zusammen aus Ausbildung, Erfahrung und einer Grundbegabung, die durch erstere zu entwickeln ist. Eine Ausbildung bringt der Mitarbeiter mit, aber im Betrieb muss er ständig weiterlernen, um nicht zurückzufallen. Es ist nicht nur Aufgabe jedes Mitarbeiters, sich ständig zu vervollkommnen, sondern auch des Unternehmens, laufend zu schulen und zu motivieren. Zum anderen können Begabungen mehr oder weniger ausgeschöpft werden. Der weniger Begabte kann den Begabteren durch Fleiß und Einsatz überflügeln. Der Eingangsbeurteilung muss eine Beurteilung über die Entwicklung im Betrieb folgen.

3.5.3 Der neunte Baustein: Weiterentwicklung

B9

1	..... ① ..... nutzte jede Chance ..... ② ..... ohnehin hervorragendes Fachwissen weiterzuentwickeln.
2	..... ① ..... nutzte stets die betrieblichen Fortbildungsmöglichkeiten, um mit dem Fachwissen auf dem Laufenden zu bleiben.
3	..... ① ..... Fachwissen entsprach dem Standard und wurde weiter entwickelt.
4	..... ① ..... mühte sich, im Wissen und Können auf dem Laufenden zu bleiben.

Einzutragen ist:
① = Sie/Er; ② = ihr/sein

Besonders bei Führungskräften hat die Beurteilung der Weiterentwicklung des Wissens eine eminente Bedeutung. Es ist eine vernichtende Aussage, wenn man sich nur „bemüht, auf dem Laufenden zu bleiben". Je nach Branche wird innerhalb von 2 bis 5 Jahren die Hälfte des Fachwissens unbrauchbar; der Trend verschärft sich noch.

Ohne diese Weiterentwicklung von Wissen und Können wird auch ein sicherer Arbeitsplatz verloren gehen, kein neuer gewonnen werden. Besonders die letzte technische Revolution, die der Neuen Medien, wird diejenigen aussondern, die sie nicht nutzen können.

3.5.4 Der zehnte Baustein: Leistungsbereitschaft

1	..... ① ..... war stets bereit, auch zusätzliche Aufgaben außerhalb seines eigentlichen Arbeitsgebietes zu übernehmen.	B10
2	..... ① ..... übernahm bereitwillig auch zusätzliche Aufgaben, wenn die Situation das erforderte.	
3	..... ① ..... war bereit, in Notfällen auch zusätzliche Aufgaben zu übernehmen.	
4	entfällt (Keine Bedeutung ist auch eine Aussage!)	
Einzutragen ist: ① = Sie/Er		

Jeder weiß, wie wichtig es ist, wenn bei personellen Engpässen oder in Notsituationen Mitarbeiter einspringen, ohne auf ihr Privatleben und auf eigene Wünsche Rücksicht zu nehmen. Aussagen in Zeugnissen sind ausgezahlter Lohn, ausgesprochene Anerkennung. Ein Verzicht auf derartige Aussagen, wenn sie berechtigt sind, kommt einbehaltenem Lohn, verwehrter Anerkennung gleich, ist undankbar und „schäbig". Die Vertreter der harten Linie bei der Zeugniserteilung stellen oft diesen Bereich in die Zone der nicht erwähnenswerten Selbstverständlichkeiten. Es ist aber erwiesen, dass ein enger Zusammenhang von Fluktuation und Nichtanerkennung solidarischer Leistung gegeben ist. Anders und schärfer formuliert: Die Mehrzahl der Firmen mit unpersönlicher Mitarbeiterbehandlung – die Art der Zeugnisausstellung gehört dazu – hat auch einen schwachen wirtschaftlichen Erfolg. Oft können sich derartige Unternehmen nur mit Subventionen über Wasser halten.

3.5.5 Der elfte Baustein: Leistungsbeurteilung

Die Leistungsbeurteilung ist ein Kernbereich der Zeugnisaussage. Deshalb vorab einige Überlegungen zum Aufbau der Bausteine:

1. Mit Ausnahme des *Konfliktzeugnisses,* bei dem ein Fehlverhalten genannt werden muss, um Schadenersatzforderungen bei Schädigung Dritter zu vermeiden, und bei dem objektive Tatbestände nicht verschwiegen werden dürfen, werden heute Zeugnisse keine negativen Formulierungen erhalten. Solche Beurteilungen würden das berufliche Fortkommen entscheidend erschweren; der Mitarbeiter geht in der Regel bei derartigen Fällen vor Gericht.
2. Man wird also eine *indirekte Aussage* finden müssen. Ein gutes Zeugnis ist deshalb umfangreich, ein schlechtes so knapp wie möglich gehalten. Wenn kein Grund zum Lob vorhanden ist, zieht man sich auf allgemeine, kurze und unverfängliche Formulierungen zurück, verwendet leere Worthülsen. Wenn der ausscheidende Mitarbeiter Leistung brachte, wird man diese auch detailliert beschreiben.

Die Beurteilung von Leistung und Verhalten | 103

Man mag über das sonderbare Deutsch verärgert sein. Niemand wird jedoch bei der Leistungsbeurteilung um die eingebürgerten Formulierungen herumkommen. Das krasseste Beispiel ist die „vollste Zufriedenheit". Ein anspruchsvoller geschickter Zeugnis-Formulierer wird deshalb Zusatzformulierungen finden müssen, um derartige negative Stilformen abzumildern, sie aber trotzdem einzubauen.

1a = ... ① ..... Leistungen lagen stets weit über dem Durchschnitt; ..... ② ..... erfüllte alle Aufgaben zu unserer vollsten Zufriedenheit, jederzeit und ohne Vorbehalt.	B11
1b = ... ③ .....war stets fleißig, pünktlich, gewissenhaft und pflichtbewusst, zielstrebig und umsichtig ..... ① ..... Aufgaben erfüllte ..... ② ..... stets zu unserer vollsten Zufriedenheit.	
1c = Die übertragenen Aufgaben erledigte ..... ② ..... mit Umsicht, großem Eifer und vollem persönlichem Einsatz, zu unserer vollsten Zufriedenheit.	
1d = In ..... ① ..... Arbeitsweise zeigte ..... ③ ..... sich gewandt, schnell auffassend, sicher und selbständig. Die Aufgaben wurden stets zu unserer vollsten Zufriedenheit durchgeführt.	
1e = ... ③ ..... löste ..... ① ..... Aufgaben stets mit großer Energie und Sicherheit termingerecht zu unserer vollsten Zufriedenheit.	
1f = ... ③ ..... erfüllte ..... ① ..... Aufgaben bereits nach kurzer Einarbeitung mit überdurchschnittlichem Können, selbständig, verantwortungsbewusst und mit sicherer Urteilsfähigkeit ..... ② ..... fand für ..... ① ..... Leistungen die vollste Anerkennung.	

1g = ...②..... erbrachte weit überdurchschnittliche Leistungen, eine hohe Einsatzbereitschaft und ein beachtliches Durchsetzungsvermögen .....②..... erfüllte die gestellten Aufgaben mit Ausdauer und Organisationstalent sowie mit großem Verhandlungsgeschick zu unserer vollsten Zufriedenheit .....②..... war ein wertvoller Mitarbeiter, der schwer zu ersetzen ist.

2a = ...①..... Leistungen lagen über dem Durchschnitt; .....②..... erfüllte stets .....①..... Aufgaben zu unserer vollen Zufriedenheit.

2b = ...③..... war fleißig, pünktlich, gewissenhaft und pflichtbewusst; .....②..... erfüllte .....①..... Aufgaben stets zu unserer vollen Zufriedenheit.

2c = Die übertragenen Aufgaben erledigte .....②..... mit Umsicht und großem Eifer zu unserer vollen Zufriedenheit.

2d = In .....①..... Arbeitsweise zeigte .....③..... sich gewandt und sicher; die Aufgaben wurden stets zu unserer vollen Zufriedenheit durchgeführt.

2e = ...③..... löste .....①..... Aufgaben stets mit Fleiß und Sicherheit zu unserer vollen Zufriedenheit.

2f = ...③..... erfüllte .....①..... Aufgaben mit beachtlichem Können und guter Urteilsfähigkeit .....②..... fand für .....①..... Leistungen die volle Anerkennung.

2g = ...②..... erbrachte überdurchschnittliche Leistungen bei guter Einsatzbereitschaft .....②..... erfüllte die gestellten Aufgaben mit großem Geschick zu unserer vollen Zufriedenheit.

Die Beurteilung von Leistung und Verhalten

3a = ….①…. Leistungen fanden Anerkennung; ….②…. erfüllte ….①…. Aufgaben zu unserer Zufriedenheit.

3b = ….③…. war fleißig und pünktlich; ….②…. erfüllte ….①…. Aufgaben zu unserer Zufriedenheit.

3c = Die übertragenen Aufgaben erledigte ….②…. mit Umsicht zu unserer Zufriedenheit.

3d = In der Arbeitsweise zeigte sich ….③…. gewandt; die Aufgaben wurden zu unserer Zufriedenheit durchgeführt.

3e = ….③…. löste ….①…. Aufgaben mit Fleiß und Ausdauer zu unserer Zufriedenheit.

4a = ….③…. mühte sich bei den geforderten Leistungen, den Anforderungen gerecht zu werden.

4b = ….③…. bemühte sich ….①…. Aufgaben zu erfüllen.

4c = Die übertragenen Aufgaben erledigte ….②…. mit Ausdauer.

4d = In der Arbeitsweise mühte sich ….③…. den Anforderungen gerecht zu werden.

4e = ….③…. mühte sich stets, bei den geforderten Leistungen unseren Anforderungen gerecht zu werden.

Einzutragen ist:
① = ihre(r)/seine(r); ② = sie/er; ③ = Frau/Herr N. N.

Die hier gezeigten Nuancen der Leistungsbeurteilung können natürlich, je nach Stilgefühl und Geschmack, ausgebaut werden. Besonders zeigt die Beurteilung der sehr guten Leistungen, wie stark Aussagen immer noch differenzieren können. Bei der Auswahl hat man hier ein beachtliches Spektrum zur

Verfügung, das natürlich zusätzlich kombiniert und nach Wunsch erweitert werden kann.

Gleich, ob es sich um eine individuelle Zusammenstellung eines Zeugnisses handelt oder um Textbausteine: Stets können wir nur Anregungen geben, wie sich Leistungen beurteilen lassen.

3.5.6 Der zwölfte Baustein: Belastbarkeit

B12

1 = Auch bei der härtesten Belastung zeigte ..... ① ..... keinerlei Stress- oder Ermüdungserscheinungen.

2 = Wir lernten ..... ② ..... als einen Mitarbeiter/eine Mitarbeiterin kennen, der/die stets gleich intensiv arbeitete.

3 = Wir schätzen an ..... ② ..... die stetige Mitarbeit, mit der wir zufrieden waren.

4 = entfällt

Einzutragen ist:
① = sie/er; ② = Frau/Herrn N. N.

Bei der Beurteilung der Belastbarkeit sollte man vorsichtig sein. Die Beurteilung ist nur auf das Verhalten in der Zeit im Betrieb zu beziehen. Die Belastbarkeit des Menschen hängt von einer Fülle von Faktoren ab, zu denen nicht nur der Gesundheitszustand, sondern auch das Umfeld, etwa die Familienverhältnisse, gehören. Beide unterliegen „über Nacht" größeren Veränderungen. Nicht umsonst findet man gerade bei Scheidungen einen beachtlichen Leistungsabfall und oft eine Krise in der Mitarbeit nach langjähriger guter Leistung und positivem Zusammenwirken.

3.5.7 Der dreizehnte Baustein: Solidarität mit der Firma

1 = ... ①..... stellte stets das Interesse der Firma in den Vordergrund ..... ①..... hat am heutigen Stand des Unternehmens (der Abteilung, der Gruppe) maßgeblich mitgewirkt.	B13
2 = ... ①..... arbeitete stets zum Wohle des Unternehmens.	
3 = An der Solidarität zur Firma war nichts auszusetzen.	
4 = entfällt	
Einzutragen ist: ① = Sie/Er	

Diese Aussage ist eine weitere Selbstverständlichkeit. Wer etwas für die Firma – oft unter Verzicht auf Freizeit – getan hat, der soll hier seine Anerkennung finden. Auch dass nichts auszusetzen ist, kann schon als Lob wirken, weil ja nur schwere negative Verhaltensweisen im Zeugnis vermerkt werden. Mit einer Aussage, wie unter 1 formuliert, wird man bei einer Bewerbung Vorrang haben.

3.5.8 Der vierzehnte Baustein: Verhalten gegenüber Vorgesetzten und Kollegen

1a = ... ①..... Verhalten gegenüber den Vorgesetzten und den Kollegen war jederzeit vorbildlich.	B14
1b = Bei ..... ②..... Vorgesetzten war ..... ③..... wegen ..... ④..... Korrektheit und Hilfsbereitschaft, bei den Mitarbeitern wegen ..... ④..... kollegialen Haltung und der ausgeglichenen Wesensart sehr geachtet und allseits beliebt.	

▶

1c =	Bei Vorgesetzten und Kollegen war .....③..... wegen .....④..... großen Hilfsbereitschaft und Zuvorkommenheit ausnahmslos beliebt.
1d =	Vorgesetzte und Kollegen schätzten gleichermaßen die Bereitschaft zu sachlicher Zusammenarbeit und die jederzeit korrekte Haltung.
2a =	.....①..... Verhalten gegenüber den Vorgesetzten und den Kollegen war tadellos.
2b =	Bei Vorgesetzten und Kollegen war .....③..... wegen .....④..... Ausgeglichenheit beliebt.
2c =	Vorgesetzte und Kollegen schätzten gleichermaßen die gute sachliche Zusammenarbeit.
3 =	Vorgesetzte und Kollegen schätzten die sachliche Zusammenarbeit.
4 =	entfällt
Einzutragen ist: ① = Ihr/Sein; ② = ihren/seinen; ③ = Frau/Herr N. N.; ④ = ihrer/seiner	

Leistung und Verhalten sind die Kernstücke des qualifizierten Zeugnisses. So werden auch beim Verhalten vier verschiedene Versionen zur besten Form der Beurteilung angeboten. Das Fehlen der Aussage ist die schlechteste Beurteilung; je besser die Wertung ist, umso leichter fällt ein beruflicher Aufstieg in Führungspositionen. Bei der immer stärker werdenden Spezialisierung ist es wesentlich, Mitarbeiter zu gewinnen, die im Team mit anderen gut zusammenarbeiten, um dadurch ein Maximum an Leistung zu erreichen.

3.5.9 Der fünfzehnte Baustein: Verantwortungsbereitschaft

1 = ….①…. war stets bereit, auch bei schwierigen Aufgaben Verantwortung zu übernehmen und die Arbeiten mit Geschick und Energie zu einem hervorragenden Abschluss zu führen.	B15
2 = ….①…. war bereit, Verantwortung zu übernehmen, selbständig Aufgaben zu planen und durchzuführen.	
3 = ….①…. übernahm Verantwortung und führte seine Aufgaben selbständig durch.	
4 = entfällt	
Einzutragen ist: ① = Frau/Herr N. N. beziehungsweise Sie/Er	

Die Bereitschaft zur Übernahme von Verantwortung ist die erste Stufe des Schrittes zur Führungskraft. Sie gehört zu den Kriterien, nach denen man den Nachwuchs fördert. Mancher Meister und manche andere Führungskraft sind ausgewählt worden, weil sie sich auf diese Weise von ihren Kollegen unterschieden. Verantwortung übernehmen heißt gleichzeitig aktiv sein und sich durchsetzen lernen. Eine derartige begründete Eigenschaft sollte deshalb in einem guten Zeugnis vermerkt werden.

3.5.10 Der sechzehnte Baustein: Vertrauenswürdigkeit

B16	
1a =	Vertrauliche und interne betriebliche Probleme behandelte ..... ① ..... stets mit der erforderlichen Diskretion.
1b =	Wir konnten ..... ① ..... in jeder Situation unser volles Vertrauen schenken.
1c =	Wir konnten immer voll der Diskretion von ..... ① ..... vertrauen.
Einzutragen ist: ① = Frau/Herr(n) N. N. beziehungsweise ihr/ihm	

Hier gibt es, wie bei vielen anderen Eigenschaften eines Menschen, keine Stufungen. Man ist vertrauenswürdig oder nicht. Auch ein Mitarbeiter mit mittleren Arbeitsergebnissen kann voll vertrauenswürdig sein! Dann sollte man ihm, wie bei den anderen Bausteinen, dort die Qualifikation geben.

3.5.11 Der siebzehnte Baustein: Führungsqualitäten und Aufstiegseignung

B17	
1a =	..... ① ..... Verhalten bei der Führung seiner Mitarbeiter war stets korrekt ..... ② ..... versteht es, zu motivieren und Leistung zu erreichen.
1b =	..... ② ..... leitete mehrere Mitarbeiter an ..... ② ..... wurde wegen ..... ③ ..... natürlichen Autorität von diesen, den Kollegen und den Vorgesetzten geachtet.
1c =	..... ② ..... konnte sich infolge eines ausgeprägten Gerechtigkeitssinnes leicht auch in schwierigen Situationen durchsetzen sowie seine/ihre Mitarbeiter anspornen.
Einzutragen ist: ① = Ihr/Sein; ② = Sie/Er; Frau/Herr N. N.; ③ = ihrer/seiner	

Wenn eine ausgeprägte Führungsfähigkeit auch in noch untergeordneten Stellungen gezeigt wird, sollte man diese Begabung nicht verheimlichen. Man wird dieses Talent dort einsetzen, wo es einen Vorteil bringt und zweckmäßig ist. Führungsqualität besitzt man, wenn man auf partnerschaftliche Weise ein leistungsorientiertes Klima schaffen kann. Auch gehört dazu, dass man für die Mitarbeiter eintritt und damit für eine ausgeglichene Atmosphäre sorgt.

3.5.12 Der achtzehnte Baustein: Kreativität und innovative Fähigkeiten

1a = ... ① ..... brachte in die gemeinsame Arbeit immer wieder neue, außergewöhnliche Ideen ein, die die Leistungsfähigkeit unseres Unternehmens steigerten ..... ① ..... wurde mehrmals wegen guter Vorschläge ausgezeichnet.	B18
1b = ... ① ..... ist in der Lage, schnell und sicher neue, bessere Lösungen zu finden, auszuarbeiten und einzuführen.	
1c = ... ① ..... versteht es, die Produkte weiterzuentwickeln und neue zu schaffen, die dem Unternehmen helfen, den Marktanteil auszuweiten.	
Einzutragen ist: ① = Sie/Er	

Kreativität und Innovation sind nötig, um den technischen Standard zu verbessern und die Wirtschaftlichkeit zu steigern. Wo findet man solche Mitarbeiter? Wenn eine Führungskraft eine der drei Aussagen verdient, ist das die sicherste Förderung eines beruflichen Aufstieges. Wäre die Aussage unverdient, hätte man eine „Bruchlandung" vorprogrammiert.

Checkliste (C): Wie sind Formulierungsbausteine einzusetzen und zu beurteilen?

Zeugnisse sollen im einfachen Zeugnis Fakten, Tatsachen aufzeigen; im qualifizierten Zeugnis zusätzlich Leistung und Verhalten bewerten. Man wird deshalb in Worten eine Stufung vorstellen, die den üblichen Zahlen bei Schulzeugnissen entspricht. Diese Stufen kann man wohl als Formulierungsbausteine aufbauen. Bei der Beurteilung derartiger Zeugnisse ist wesentlich:

A. Einfaches Zeugnis

Pos.	Fragen, Beurteilungen, Fakten	erfüllt	nicht erfüllt
1	Wirkt das Zeugnis zu kurz?		
2	Ist das Zeugnis auf einen Bogen DIN A5 geschrieben?		
3	Fehlt die Anrede?		
4	Stimmen die Daten bei Geburtstag und Beschäftigung nicht?		
5	Ist die Berufsbezeichnung nicht exakt?		
6	Wurde die Tätigkeitsbeschreibung zu kurz gefasst?		
7	Fehlen wesentliche Teile, Tätigkeiten in der Beschreibung?		
8	Hat man die Nebentätigkeiten unterschlagen?		
9	Vergaß man zu vermerken, dass auf eigenen Wunsch gekündigt wurde?		
10	Hat man die Schlussfloskel vergessen?		
11	Ist diese zu knapp ausgefallen?		
12	Kann man die Unterschrift entziffern?		
13	Fehlt der Firmenstempel?		

▶

Pos.	Fragen, Beurteilungen, Fakten	erfüllt	nicht erfüllt
14	Stimmt das Ausstellungsdatum nicht?		
15	Wirkt das ganze Schreiben zu unpersönlich?		

Diese „Negativliste" zeigt, was man gelegentlich beanstanden muss. Jedes „Erfüllt" schadet. Die Gesamtform, die Länge und die Detaillierung sowie Einzelaussage des Bausteins sind zu beurteilen.

Die bisherigen Aussagen gelten auch fürs qualifizierte Zeugnis.

B. Qualifiziertes Zeugnis

Pos.	Fragen, Beurteilungen, Fakten	erfüllt	nicht erfüllt
16	Hat man die Dank- und Glückwunschformel vergessen?		
17	Stimmen die einzelnen Aussagen der Passagen mit der Wirklichkeit nicht überein?		
18	Sind Fehler bei der Einstufung vorgekommen?		
19	Verwendete man zweideutige Formulierungen?		
20	Vergaß man, die Facheignung herauszustellen?		
21	Unterschlug man die Aussage über die berufliche Weiterentwicklung?		
22	Schätzte man die Leistungsbereitschaft falsch ein?		
23	Stecken Fehler in der Aussage über die Leistung selbst?		

Hilfen zum Formulieren von Arbeitszeugnissen

Pos.	Fragen, Beurteilungen, Fakten	erfüllt	nicht erfüllt
24	Fehlen Bemerkungen über die hohe Belastbarkeit?		
25	Hat man vergessen, dass der Mitarbeiter stets mit der Firma solidarisch war?		
26	Stufte man das gute Verhältnis zu Vorgesetzten und Kollegen falsch ein?		
27	Vergaß man, die hohe Verantwortungsbereitschaft zu würdigen?		
28	Vermerkte man die Vertrauenswürdigkeit nicht?		
29	Sind keine Hinweise auf die Führungsqualitäten vorhanden?		
30	Spricht man die Aufstiegseignung ab, indem man sie nicht erwähnt?		
31	Fehlen Angaben über kreative Leistungen?		
32	Hat man vergessen, Prämien für Verbesserungsvorschläge zu vermerken?		

Jede dieser Fragen ist „erfüllt", wenn eine Aussage darüber im Zeugnis fehlt. Zum anderen gilt das auch, wenn die Beurteilung nicht der Wirklichkeit entspricht. Ein Zeugnis muss wahr und wohlwollend sein. Dazu gehört, dass alles, was positiv bei Bewerbungen wirken kann, auch aufgeführt wird. Ein gutes Zeugnis hat auch einen größeren Umfang als ein schlechteres. Man sollte darauf bestehen, dass ein Zeugnis tatsächlich

- *wahr,*
- *wohlwollend* und
- *vollständig* abgefasst wird.

Zeugnisse sind Teil des Lohnes, den der Arbeitnehmer erhält. Dringen Sie darauf, dass positiver Einsatz auch positiv zum Ausdruck kommt.

3.6 Musterzeugnisse aus Bausteinen

3.6.1 Zeugnis aus Bausteinen für einen Konstrukteur

(einen hervorragenden Mitarbeiter, der kündigt, um ein Zusatzstudium zu absolvieren)

Baustein-Nummer:	
	Firma und Standort Hannover, den 20.4.2008
|1|	Herr Dipl.-Ing. Herbert Huber, geb. 15.4.1969 in Hameln, war vom 1.1.2006 bis zum 31.3.2008 in unserer Firma als Konstrukteur in der Maschinenbauabteilung beschäftigt.
|4|	Zu seinen Aufgaben gehörte die Konstruktion von Spezialmaschinen im Werkzeugbau, vor allem die Entwicklung von CNC-gesteuerten Automaten, sowie die Mitarbeit in der Erprobung der dazu nötigen Software.
|8/1| |11/1a| |9/1|	Herr Dipl. Ing. Huber war für diese Position die ideale Besetzung. Seine Leistungen lagen stets weit über dem Durchschnitt; er erfüllte alle Aufgaben zu unserer vollsten Zufriedenheit. Er nutzte jede Chance, sein ohnedies hervorragendes Fachwissen weiterzuentwickeln.
|10/1|	Stets war er bereit, auch zusätzliche Funktionen außerhalb seines eigentlichen Arbeitsbereiches zu übernehmen. Er stellte stets das Interesse der

|13/1|	Firma in den Vordergrund. Sein Anteil am heutigen Stand der Abteilung ist groß.
|15/1|	Herr Dipl.-Ing. Huber zögerte nicht, auch bei schwierigen Aufgabenstellungen Verantwortung zu übernehmen und die Arbeiten mit Geschick und Energie
|16/1a|	zu einem hervorragenden Abschluss zu bringen. Vertrauliche und interne betriebliche Probleme behandelte er stets mit der erforderlichen Diskretion.
|17/1a|	Sein Verhalten bei der Führung seines kleinen Teams war stets korrekt. Er versteht es, zu motivieren und
|18/1a|	Leistung zu erreichen. Herr Dipl.-Ing. Huber brachte in die gemeinsame Arbeit immer wieder neue, außergewöhnliche Ideen ein, die die Leistungsfähigkeit unseres Unternehmens steigerten. Er wurde mehrmals
|12/1|	wegen guter Vorschläge ausgezeichnet. Besonders hervorzuheben ist, dass er auch bei härtester Belastung keinerlei Stress- und Ermüdungserscheinungen zeigte.
|5/2|	Herr Dipl.-Ing. Huber verlässt unser Unternehmen auf eigenen Wunsch, um ein Studium der Wirtschaftswissenschaften anzuschließen.
|3/5|	Wir wünschen für das kommende Studium viel Erfolg und im betriebswirtschaftlichen Bereich eine ebenso glückliche Hand wie im konstruktiven. Nach der Zusatzausbildung würden wir mit dem Wirtschaftsingenieur Huber gern ebenso gut zusammenarbeiten wie mit dem Konstrukteur.
	Wieland Maschinenbau

Beurteilung: Ein Prachtzeugnis! Sieht man es ihm an, dass es aus dem Baukasten beziehungsweise aus dem Computer kommt? Nur Kleinigkeiten wurden geändert oder ergänzt, um eine noch persönlichere Note zu erreichen.

Die Formel für das Zeugnis:
1–4–8/1–11/1a–9/1–10/1–13/1–15/1–16/1a–17/1a–18/1a–12/1–5/2–3/5.

Hinzugefügt werden die Aufgabenbeschreibungen, die meist ohnedies der Stellenbeschreibung entnommen sind. Mit der Zeit wird man auch da eine Palette aller im Betrieb vorkommenden Arbeiten im Wortlaut gesammelt haben.

Für einen Personalbeauftragten stellt das Schreiben eines Zeugnisses mit Hilfe des beschriebenen Baukastensystems und des Computers eine Arbeitserleichterung dar. Er erhält damit ein Textgerüst als Basis, das er nun noch an verschiedenen Stellen nach Bedarf modifizieren muss – das heißt, er holt sich die Kriterien auf den Bildschirm, wählt aus, ändert, ergänzt, fasst zusammen. Das Ergebnis sollte sowohl den allgemeinen Anforderungen an ein Zeugnis als auch den individuellen Kriterien gerecht werden.

3.6.2 Zeugnis aus Bausteinen für einen Filialleiter

(Filialleiter im Einzelhandel, der ohne Angabe von Gründen kündigte)

Baustein-Nummer:	Firma und Standort Bad Tölz, 30.6.2008
|1|	Herr Alois Gschwendtner, geb. am 30.12.1968 in München, war vom 1.1.2001 bis 30.6.2008 in unserer Firma als Filialleiter im Einzelhandelsbereich beschäftigt.
|4|	Herr Gschwendtner arbeitete vom 1.1.2001 bis 31.12.2003 in unserer Lebensmittelabteilung; von

diesem Zeitpunkt an bis 31.12.2005 war er als deren stellvertretender Leiter tätig. Seine Leistungen führten dazu, dass er von 2006 an die selbständige Leitung der Filiale Brunnenstraße übernahm.

|8/2|
|9/2|
|10/1|
Er brachte für die gestellten Aufgaben gute Voraussetzungen mit und nutzte die betrieblichen Fortbildungsmöglichkeiten, um mit dem Fachwissen auf dem Laufenden zu bleiben. Er war stets bereit, auch zusätzliche Aufgaben außerhalb seines eigentlichen Arbeitsgebietes zu übernehmen.

|11/1f|
Herr Gschwendtner erfüllte seine Aufgaben bereits nach kurzer Einarbeitung mit überdurchschnittlichem Können, selbständig, verantwortungsbewusst und mit sicherer Urteilsfähigkeit. Für seine Leistungen fand er die vollste Anerkennung.

|12/2|
|13/1|
Wir lernten in Herrn Gschwendtner einen Mitarbeiter kennen, der stets gleich intensiv arbeitete. Er stellt immer das Interesse der Firma in den Vordergrund. Sein Anteil am heutigen Stand der Filiale ist hoch.

|15/2|
|16/1|
Er war bereit, Verantwortung zu übernehmen, selbständig Aufgaben zu planen und durchzuführen. Vertrauliche und interne betriebliche Probleme behandelte er stets mit der erforderlichen Diskretion.

|14/1b|
Bei seinen Vorgesetzten war Herr Gschwendtner wegen seiner Korrektheit und Hilfsbereitschaft, bei den Mitarbeitern wegen der kollegialen Haltung und der ausgeglichenen Wesensart sehr geachtet und allseits beliebt. Sein Verhalten bei der Führung seiner Mitarbeiter war stets korrekt. Er versteht es, zu motivieren und Leistung zu erreichen.

|17/1a|

|18/1b|
Er ist auch in der Lage, schnell und sicher neue, bessere Lösungen zu finden, auszuarbeiten und einzuführen.

|5/1|
Herr Gschwendtner verlässt unser Unternehmen auf eigenen Wunsch.

|3/3|	Wir danken für die gute Zusammenarbeit in unserem Unternehmen und wünschen besonders für die weitere Laufbahn Glück und Erfolg.
	Huber Verkaufs-GmbH

Beurteilung: Ein etwas „durchwachsenes", jedoch immer noch hervorragendes Zeugnis. Lediglich aus 8/2 könnte man entnehmen, dass nur eine gute, keine sehr gute Vorbildung vorhanden war und dass der Beurteilte erst „mit leichten Hilfen" das heutige Ergebnis erreichte. Auch hat er nur „stets gleich intensiv" gearbeitet. Verantwortung hat er (15/2) übernommen – doch sicher nach etwas Anschieben. Man lässt ihn nicht gerne gehen; aber in der Schlussfloskel (3/3) rafft man sich zu einer positiveren Fassung auf und ändert die vorgegebenen Formulierungen.

Fazit: ein erstklassiger Mann, aber er muss geführt werden. Dann wird er die gewünschte hohe Leistung bringen. Für eine Filialkette ideal. Ob aber auch für den Sprung in die Selbständigkeit, die sich sicher hinter der Kündigung ohne Angabe von Gründen versteckt …?

Die Formel? Sie steht neben den übernommenen Texten. Formuliert werden mussten 5 Zeilen bei der Beschreibung der Aufgaben; einige Wörter wurden bei der Schlussfloskel geändert.

3.6.3 Zeugnis aus Bausteinen für eine Bankkauffrau

(eine bewährte Mitarbeiterin, die aus persönlichen Gründen kündigt)

Baustein-Nummer:	Firma und Standort
	Bad Aibling, 30.8.2008
|1|	**Zeugnis**
	Frau Christine Kollers, geboren am 22.8.1978 in Rosenheim, war vom 1.1.2005 bis 15.8.2008 in unserer Sparkasse als Bankkauffrau beschäftigt.
|4|	Frau Kollers übernahm in diesem Zeitraum im Austausch alle in einer Filiale einer Bank üblichen Tätigkeiten.
	Dazu gehörten, neben dem Ein- und Auszahlen von Kundenkonten, deren Eröffnung beziehungsweise Auflösung, der Kassendienst sowie die Beratung bei der Beantragung und Vergabe von Krediten. Ihr Aufgabengebiet umfasste ferner den An- und Verkauf von Devisen sowie das Abrechnen und das Einlösen von Wechseln.
	8/2
9/1	Sie brachte für die gestellten Aufgaben gute Voraussetzungen mit und nutzte jede Chance, ihr ohnedies hervorragendes Fachwissen zu erweitern. Sie
|10/2|	übernahm bereitwillig auch zusätzliche Aufgaben, wenn die Situation es erforderte.
|11/1d|	In ihrer Arbeitsweise zeigte sie sich gewandt, schnell auffassend, sicher und selbständig; die Aufgaben wurden stets zu unserer vollsten Zufriedenheit durch-
|12/2|	geführt. Wir lernten Frau Kollers als eine Mitarbeiterin kennen, die stets gleich intensiv arbeitete.
|13/1|	Sie stellte immer das Interesse der Firma in den Vordergrund; ihr Anteil am heutigen Stand der Filiale

|14/1b|	ist hoch. Bei ihren Vorgesetzten war sie wegen ihrer Korrektheit und Hilfsbereitschaft, bei den Mitarbeitern wegen ihrer kollegialen Haltung und der ausgeglichenen Wesensart sehr geachtet und allseits beliebt.
|15/2|	Frau Kollers war bereit, Verantwortung zu übernehmen, selbständig Aufgaben zu planen und durchzuführen. Vertrauliche und interne betriebliche Probleme behandelte sie stets mit der erforderlichen Diskretion.
|16/1a|	
|5/2|	Frau Kollers verlässt unser Unternehmen auf eigenen Wunsch, um sich ihrer Familie mehr widmen zu können.
	Wir danken für die Zusammenarbeit in unserem Unternehmen und wünschen besonders für den zu erwartenden Umzug alles Gute.
	Huber Stadtsparkasse

Beurteilung: Ein Zeugnis, bei dem sich einiges nicht so ganz reimt. Gewiss eine tüchtige Frau, die über den üblichen Kündigungstermin hinaus noch die Ferien durchhielt, bevor sie auf eigenen Wunsch – Familie und Umzug – die Firma verließ.

Die Beurteilungen schwanken zwischen 1 und 2. Ein sehr gutes Zeichen. Wirklich?

Sehen wir, was fehlt: Bis Baustein-Nummer 16 ist alles vorhanden. Führungsqualitäten, Aufstiegseignung, Kreativität, innovative Fähigkeiten sind nicht angesprochen.

Die Aussage dieses Zeugnisses: Wenn Sie eine Bankkauffrau brauchen, die ihre Arbeit voll und ganz erfüllt (was man eben als Tagesarbeit so verlangt), dann greifen Sie zu. Sie werden zufrieden sein und keinerlei Schwierigkeiten haben.

Aber nicht mehr! Die Eignung zur Filialleiterin wird nicht gesehen. Zumindest heute nicht und nicht in der bisherigen Firma. Das wird man nach zwei, drei Jahren beurteilen können. Man braucht aber gerade auch Menschen dieser Charakteristik. Der größte Teil der Arbeit in unserer industriellen Welt wird von ihnen bewältigt. Leise und still, meist ohne zu klagen.

Die Aussage des Zeugnisses ist positiv, aber sie schließt Aufgaben aus durch das Weglassen derjenigen Bereiche, in denen keine Begabung und Leistung zu erkennen ist.

Hier ist ein geschriebenes Zeugnis einem tabellarischen hoch überlegen. Dort hätte man Farbe bekennen müssen – oder das Zeugnis eben „tabellarisch" schreiben, um einen tüchtigen Mitarbeiter, der mehrere Jahre fleißig seine Aufgaben erfüllte, nicht unnötig zu kränken und trotzdem dem neuen Arbeitgeber zutreffende Informationen zukommen zu lassen.

3.6.4 Zeugnis aus Bausteinen für einen leitenden Angestellten

(dem von der Firma gekündigt wird)

29	Baustein-Nummer:	Firma und Standort Rosenheim, 1.7.2008
	|1|	**Zeugnis** Herr Peter Kuchelbauer, geb. am 22.5.1968 in Reutlingen, war vom 1.1.2005 bis 30.6.2008 in unserem Hause als leitender Angestellter im Baustoffhandel in verschiedenen Funktionen tätig.
	|4|	Vom 1.1.2005 bis 31.6.2005 leitete Herr Kuchelbauer den Einkauf, danach bis 31.12.2005 den Verkauf von Baustoffen ab Lager. Von da bis zum

	30.6.2008 war er als Außendienstmitarbeiter in unserem Hause beschäftigt.
|8/4|	Herr Kuchelbauer brachte für diese Position die Voraussetzungen mit, zurechtkommen zu können. Er
|11/4e|	mühte sich, im Wissen und Können auf dem Laufen-
|11/4c|	den zu bleiben. Die übertragenen Arbeiten erledigte er mit Ausdauer.
|6/2|	Wir sahen uns leider gezwungen, das Arbeitsverhältnis mit Herrn Kuchelbauer wegen organisatorischer Umstellung aufzulösen. Wir wünschen Herrn Kuchelbauer einen neuen Arbeitsplatz, bei dem er seine praktischen Fähigkeiten voll entfalten kann.
	Kronemeyer Baugeschäft

Beurteilung: Wer hat den Knaben denn so lange in der Firma gehalten? Hier wäre ein einfaches Zeugnis besser gewesen. Das Zeugnis selbst ist verheerend bis „vernichtend". Man hat Herrn Kuchelbauer in allen Positionen Chancen geboten, aber es kam nichts heraus. Was soll die letzte Floskel mit den praktischen Fähigkeiten? Hat er die wirklich? Wenn ja, ist nichts daran auszusetzen. Ist ja möglich.

Oder soll das heißen, dass er in die Kasse gegriffen hat? Auf alle Fälle sollte man aufpassen. Wieder einmal ein Grenzfall, der sicher nicht gerichtlich zu klären ist. Wozu auch? Wenigstens *eine* „positive" Aussage!

3.6.5 Zum Vergleich Individuell geschriebenes qualifiziertes Zeugnis für einen Abiturienten

(der nach einer Holzbildhauerlehre in einer Holzwarenfabrik arbeitete und nun studieren möchte)

Firma und Standort

Zeugnis

Herr Franz Niederegger, geb. am 20.5.1977 in Oberstaufen, ist in unserem Hause seit 8.1.1999 als Facharbeiter beschäftigt.
Seine Tätigkeiten erstreckten sich auf folgende Arbeiten:

8.1.1999 bis 15.6.1999	Holzbildhauerarbeiten, auch nach guten eigenen Entwürfen.
16.6.1999 bis 15.7.2000	Fräser an halbautomatischen und CNC-gesteuerten Fräsautomaten, einschließlich der nötigen Programmierungsarbeiten.
16.7.2000 bis 15.1.2001	Tätigkeiten in der Betriebsschlosserei mit dem Erlernen der im Betrieb vorkommenden Schlosserarbeiten.
16.1.2001 bis zum heutigen Tage (15.3.2008)	Programmierer und Automaten-Einsteller für CNC-Fräsmaschinen (MAKA u.a.) und Drehautomaten.

Herr Niederegger hat die ihm übertragenen Arbeiten, die zum Teil einen hohen Schwierigkeitsgrad hatten, jederzeit zu unserer vollsten Zufriedenheit durchgeführt. Wir können ihm in jeder Hinsicht nur das beste Zeugnis ausstellen.

Sein Austritt erfolgt voraussichtlich zum August 2008; er will an der Fachhochschule Rosenheim studieren. Wir bedauern sein Ausscheiden, da wir dadurch einen wirklich tüchtigen und fleißigen Mitarbeiter verlieren.

Auf seinem ferneren Lebensweg wünschen wir Herrn Niederegger recht viel Glück und Erfolg.

Schesslitz, 15.3.2008
Firma, Unterschriften

Beurteilung: Ein wirklich gutes Zeugnis, das sehr viel Wertschätzung zeigt. Einziger Mangel: Man erfährt nicht viel über die Firma und die Betriebsgröße. Der Verlauf der Tätigkeit wird detailliert beschrieben. Die Tätigkeit in der Betriebsschlosserei war von der Fachhochschule gefordert. Auch hier wird Praxiserfahrung und Umstellungsfähigkeit dokumentiert. Es folgt eine nochmalige Bestätigung von besonderen Fähigkeiten, vor allem in der Datenverarbeitung. „Vollste Zufriedenheit" mit Ergänzung ist die höchste, beste Beurteilung. Der Austritt wird klar erklärt und sehr bedauert.
Ein gutes Zeugnis, das kaum besser formuliert werden kann. Jede weitere Aussage darin könnte verdächtig wirken. Es wird seine Aufgabe der Information sowohl bei der Praxisstelle der Fachhochschule als auch bei zukünftigen Arbeitgebern voll erfüllen.

Anmerkung: Das Zeugnis ist über 30 Jahre alt. Lediglich die Daten wurden geändert, die Aussagen über die Maschinen der heutigen Technik angepasst.
Das Zeugnis war Grundlage einer beachtlichen Karriere. Mit mehreren derartigen Zeugnissen erhalten Sie jeden einschlägigen Posten, auch gegen harte Konkurrenz. Was will man mehr?

3.6.6 Zum Vergleich: Individuell geschriebenes qualifiziertes Zeugnis für einen Diplomingenieur

(Mitarbeiter, der nach der Leitung eines Unternehmens ein Lehramt übernimmt)

29

Firma und Niederlassungsort

Zeugnis

Herr Dipl.-Ing. Werner Holzner, geboren 15.1.1973 trat am 1.4.2001 in unsere Dienste und übernahm die Stelle des kurz zuvor tödlich verunglückten Leiters unserer Zeichenmöbelfabrik. Herr Holzner hat sich, bedingt durch seine Vorbildung, schnell eingearbeitet, unsere laufenden Modelle vervollkommnet und verbessert. Dabei und bei der Entwicklung von neuen Zeichenmöbeln bewies er großes Geschick. Die Neuentwicklungen fanden stets bei unserer Kundschaft großen Anklang und bilden heute die Grundlage unserer Programme.

Neben den Aufgaben in Entwurf und Konstruktion führte Herr Holzner den technischen Bereich. In Zusammenarbeit mit dem Betriebsleiter wurde der heutige hohe technische Standard unseres Werkes erlangt. Organisation und Kalkulation wurden neu geordnet. In der Personalführung bewies Herr Holzner eine glückliche Hand und erreichte sowohl unsere vollste Zufriedenheit wie auch die des gesamten Personals.

Nach der Erkrankung unseres Verkaufsleiters übernahm Herr Holzner zunächst als Vertretung, später vollständig, diesen Bereich. Die Beratung unserer Händlerkundschaft, insbesondere auf den großen Messen, sowie die Führung des Verkaufs nahm Herr Holzner stets zu unserer vollsten Zufriedenheit wahr.

Herr Holzner hat sich durch sein bescheidenes Wesen, durch seinen Arbeitseifer und sein Können unser vollstes Vertrauen und das seiner Mitarbeiter erworben.

Sein Ausscheiden erfolgt auf eigenen Wunsch zum 31.8.2008, um einem Ruf der Fachhochschule Mosbach folgen zu können. Für seinen ferneren Berufsweg wünschen wir Herrn Holzner alles Gute.

Amorbach, 15.8.2008
Firma, Unterschrift

Auch hier wäre die Nennung der Größe des Unternehmens und die genaue Definition der Position angebracht.

Der Erfolg als Entwerfer und Konstrukteur wird voll bestätigt. Das kann später sehr positiv sein.

Die technische Betriebsführung war ohne Tadel. Man setzt aber voraus, dass jeder die Bedeutung des Unternehmens kennt. Erfolg in der Personalführung zur Zufriedenheit beider Partner – ein seltenes Lob.

Die Übernahme des Verkaufs – mit Erfolg – zeigt wieder Beweglichkeit und Können.

Erst gegen Ende des Zeugnisses wird der Umfang der Arbeiten offenbar: Entwurf, Konstruktion, technische Betriebsführung, Personalführung, Verkaufsführung. Bei welcher Betriebsgröße? Das sagt das Zeugnis nicht aus. (280 Personen waren es in diesem Fall!). Wenn der Könner und fleißige Mitarbeiter wirklich bescheiden ist, muss er ein ausgezeichneter Psychologe sein, der im partnerschaftlichen Stil führt. Der Grund des Ausscheidens: Aufstieg.

Ein Zeugnis, mit dem man auch im fortgeschrittenen Alter – wenn andere keine Chance haben – immer noch viel erreichen kann. Jeder Unternehmer wird neugierig sein, das „Universalgenie" kennen zu lernen und auszuprobieren.

Anmerkung:

Auch dieses Zeugnis ist echt – nun über 20 Jahre alt. Die Fehler in der Formulierung, die Auslassungen, die Ungeschicklichkeiten haben niemanden gestört. Man hatte das Gefühl, das Zeugnis beruht auf Wahrheit, auch wenn beinahe Unglaubliches drinsteht. Nachträglich gesehen: Man hätte es nicht besser und wirksamer schreiben können. Es sollte noch mehr in ihrer Art einmalige Zeugnisse geben können!

4 Berufstypische Beurteilungsmerkmale in Zeugnissen

Ausscheidende Mitarbeiter können einfache und qualifizierte Arbeitszeugnisse erhalten. Beide Versionen unterscheiden sich dadurch, dass nur bei letzteren eine Beurteilung von Leistung und Verhalten gegeben wird. So will es die Rechtsprechung; man kommt nicht umhin, die Regel bei der Ausstellung des Zeugnisses zu beachten.

Trotzdem: Bewusst oder unbewusst wird wohl eine Aussage abgegeben werden: Je knapper das Zeugnis – sowohl das einfache wie auch das qualifizierte – umso schlechter wird der Mitarbeiter von Dritten beurteilt. Beim einfachen Zeugnis liegt nur in der Beschreibung der Tätigkeiten und der Aufgaben eine Möglichkeit der Variation, wenn man von der – von Ausnahmefällen abgesehen – aus Höflichkeit gebrauchten Schlussfloskel absieht.

Berufstypische Beurteilungsmerkmale wird der Fachmann verstehen. Sie sind eine Information von Fachmann zu Fachmann. In einem allgemein gehaltenen Buch wie diesem würde es zu weit führen, wollten wir auch nur die wesentlichsten Berufe ansprechen.

Dazu nur ein Beispiel:

> „Herr Niederegger erstellte CNC-Programme für einen XY-Doppelendprofiler mit vorgeschaltetem XY-Kehlautomaten, erprobte diese und führte sie ein."

Der Laie wird mit Sicherheit hier nur „Bahnhof" verstehen. Für den Fachmann ist es klar, dass er hier einen hochgradigen

Spezialisten vor sich hat, von denen vielleicht zwei Dutzend in der Bundesrepublik vorhanden sind, und die von ihren Firmen wie Edelsteine gehütet werden. Wenn ein Unternehmen so eine Persönlichkeit braucht, wird man bei einem einfachen Zeugnis oder gar einer echten Negativaussage dreimal schlucken und dann sagen: „Her mit dem Mann!" Aber man wird aufpassen – die Warnung im Zeugnis ist nicht vergessen. Der Autor kennt viele Personen im Berufsleben und auch unter seinen Studierenden, die schwer, oft sehr schwer, gefehlt haben, büßen mussten, sich aber dann beachtliche Positionen erarbeiteten. Einen Fehler kann man durch eine stetige Höchstleistung zwar nicht ungeschehen machen, aber ausgleichen.

4.1 Die Beschreibung der Aufgaben als Beurteilung?

Man mag sich drehen und wenden, wie man will – auch in einer Aufgabenbeschreibung steckt eine Beurteilung. Vor allem die Art der Arbeit zeigt, was ein Mitarbeiter zu leisten in der Lage ist. Wenn beispielsweise bei einem Zeugnis über zwei Jahre Arbeitsleben dahinter stehen:

„Sie führte Lötungen an Chassis von Fernsehgeräten durch", so wird indirekt gesagt, dass diese Person in der Lage ist, flott und präzise angelernte Arbeiten bei einer beachtlichen Monotoniefestigkeit durchzuführen. Sonst hätte sie sich mit Sicherheit nicht zwei Jahre in dieser Position halten können.

Hat man eine derartige Arbeit zu vergeben, ist das ein gutes Zeugnis, das heißt ein geeigneter Bewerber. Wird jedoch Vielseitigkeit verlangt, sieht man sich diese Person sehr sorgsam an.

Was ist daraus zu ersehen? Bei Erhalt eines Zeugnisses ist sehr genau zu prüfen, ob zum einen die Tätigkeitsbeschreibung vollständig ist und zum anderen, ob sie der Wahrheit entspricht. Wurden verschiedene Tätigkeiten ausgeübt, so sind diese auch zu vermerken.

Zugegeben, in dem vorliegenden Buch kommen die Tätigkeitsbeschreibungen zu kurz, im Baukastensystem fehlen sie. Das kommt daher, dass man Beurteilungen im Baukastensystem erfassen kann – allgemein und immer verständlich, jedoch eine Tätigkeitsbeschreibung nicht. Diese muss im Betrieb selbst, entsprechend den vorhandenen Bedingungen, erarbeitet werden.

Tätigkeitsbeschreibungen braucht man auch in anderen Bereichen. So müssen die Aufgaben der einzelnen Mitarbeiter, vor allem im Führungsbereich, abgegrenzt werden, damit man bei einer „Delegation von Verantwortung" weiß, wer wo zuständig ist. Bei dieser Delegation werden keine Befehle mehr weitergegeben, sondern einer Führungskraft ein Arbeitsbereich übertragen, in dem sie nach bestimmten Richtlinien selbständig und verantwortlich arbeiten muss. Auch braucht man eine derartige Stellenbeschreibung, zum Beispiel um eine Stellenanzeige aufzugeben. Der Interessent will ja wissen, welche Arbeitsstelle genau angeboten wird. Deshalb sollen wenigstens die Grundzüge einer Stellenbeschreibung dargelegt werden.

4.2 Die Stellenbeschreibung als Grundlage für die Tätigkeitsbeschreibungen in Arbeitszeugnissen

Stellenbeschreibungen können sehr unterschiedlich, einfach oder umfangreich, aufgebaut sein. Für das Berufszeugnis sind folgende Bereiche wesentlich:

4.2.1 Die Bezeichnung der Stelle

Diese hier getroffene Aussage ist zwar für den Laien oft schwer zu verstehen; doch dem Fachmann kann sie wertvolle Informationen geben. Je spezialisierter der Beruf oder die Aufgabe in der vorhergegangenen Position war, umso wesentlicher ist die exakte Bezeichnung der Stelle. Was nutzt die beste Beschreibung, wenn der die Stellenbewerbungen sortierende Sachbearbeiter der neuen Firma bei einer nichtssagenden Stellenbezeichnung nicht mehr weiterliest?

4.2.2 Die Einordnung in das Unternehmen

Es wird immer ein großer Unterschied sein, ob dort steht „Der Geschäftsleitung direkt unterstellt" oder „Assistent der Betriebsleitung". Im ersten Fall handelt es sich um eine selbständige und nur der Geschäftsleitung verantwortliche Persönlichkeit, im anderen um ein „Mädchen für alles", das dem Betriebsleiter die unangenehmen Aufgaben abnehmen musste und diesem verantwortlich ist. Der erste hat sein Ziel einer Führungsstelle erreicht, der andere – der Assistent – ist noch in der Ausbildung.

4.2.3 Die Beschreibung der Tätigkeit

Die Tätigkeitsbeschreibung wird echt sein, weil sich ja ein jeder im Betrieb wehren würde, zusätzliche Aufgaben zu übernehmen, zum anderen keine abgeben will. Jeder hat sein Tätigkeitsfeld, seine Verantwortungen. Und weil der Betreffende für diese Tätigkeiten verantwortlich ist, wird man sie möglichst genau fixieren müssen. Auch das betriebliche Beurteilungswesen muss ja eine Basis haben, nur genau fixierte Aufgaben kann man auf Soll und Ist vergleichen und nach festgelegten Kriterien beurteilen.

4.2.4 Die Beurteilungskriterien

Im gesamten Geschäftsleben will man weg von einer Stundenentlohnung zugunsten einer leistungsgerechten Entlohnung. Das kann beim Akkordarbeiter der Akkordsatz sein, oder eine Prämie, die sich auf die Ausnutzung des Materials, die Auslastung von Betriebsmitteln, bezieht. Auch eine Gewinnbeteiligung gehört dazu. Die Ergebnisse zum Beispiel der Prämienentlohnung sind in Zeugnissen hervorragende Leistungsnachweise, die ein klares Bild des Standes der Leistungsfähigkeit vermitteln.

4.2.5 Die Vertretung

In Stellenbeschreibungen sind beispielsweise die Urlaubsvertretungen geregelt sowie die wegen Krankheit. Das kann zwischen den Positionsinhabern auf Gegenseitigkeit geschehen, aber auch zwischen dem Vorgesetzten und dem rangnächsten Mitarbeiter. Von diesem wird natürlich bei einer Vertretung eine hohe Beweglichkeit verlangt, die eine Qualifikation für eine verbesserte Position im Führungsbereich darstellen kann. Vertretungen gehören deshalb ebenso in den Bereich einer Leistungs- und Verhaltensbeurteilung.

4.2.6 Mitarbeit in Teams und anderen Bereichen

In praktisch jedem klug geführten Unternehmen ist bei Planungsmaßnahmen der Rat des Mitarbeiters vor Ort, mag es ein Machinenenarbeiter, sein Vorarbeiter oder der Meister sein, von großem Wert. Er kennt die Detailprobleme besser als jeder andere; warum sollte man sein Wissen nicht einbauen? Zum anderen spielen psychologische Momente eine große Rolle. Auch diese Mitarbeit gehört in die Tätigkeitsbeschreibung, denn sie zeigt einem späteren Chef zusätzliche Qualifikationen auf.

Wenn man in einem Betrieb tätig ist, wird man die Arbeitsabläufe kennen; sicher ist man in der Lage, „aus dem Stegreif" eine Beurteilung abzugeben. So wie ein Zeugnis durch ein gutes Baukastensystem besser wird, weil zu dessen Inhalt die eigenen Aussagen kommen, so wird eine Tätigkeitsbeschreibung durch eine Stellenbeschreibung besser. Deshalb wird nun als Beispiel die eines REFA-Mannes gewählt, der im Betrieb für die Zeitfestsetzung und Rationalisierung zuständig ist.

4.3 Muster einer Stellenbeschreibung

REFA-Mann
Rationalisierungsfachmann, geschult und geprüft durch den REFA-Verband

---

Stellenbeschreibung

1. *Bezeichnung der Stelle*
   REFA-Sachbearbeiter

2. *Einordnung in das Unternehmen*
   Direkt dem Leiter der Arbeitsvorbereitung unterstellt.

3. *Beschreibung der Tätigkeit*
   Verantwortliche Leitung des Zeitwesens im Betrieb, Zeitfeststellung durch Messen, Rechnen und Schätzen; Überwachung des Zeitwesens und Bereitstellung aller Zeitunterlagen für die Vor- und Nachkalkulation. Neuplanung und Verbesserungen im Bereich der Arbeitsplatzgestaltung und Rationalsierungsmaßnahmen im Zeit- und Arbeitsplatzbereich.

4. *Beurteilungskriterien*
   Im Einzelfall die Ergebnisse der Rationalisierungsmaßnahmen; Vergleich zwischen dem Ist-Zustand und dem dann eingetretenen Soll-Zustand nach Einschätzung der Geschäftsleitung. Teilnahme an der betrieblichen Gewinnbeteiligung.

5. *Vertretungen*
   Auf Gegenseitigkeit mit dem Leiter der Arbeitsvorbereitung.

6. *Mitarbeit in anderen Bereichen*
   Mitarbeit bei allen Planungsmaßnahmen, zum Beispiel bei Maschineneinkäufen und bei Betriebsabläufen, Materialrationalisierung, Neubauten, Entwicklung neuer Produkte, die den Zeit- und Rationalisierungsbereich berühren.

Burgau, 22.5.2008

4.4 Beurteilung der Stellenbeschreibung

Was ein REFA-Mann ist, dürfte in der Wirtschaft klar sein: Ein geschulter Rationalisierungsfachmann, der als Nachweis von Wissen und Können vor dem REFA-Verband Prüfungen abgelegt hat. Der Arbeitsbereich eines REFA-Mannes (oder natürlich der REFA-Frau) kann kleiner als das mitgebrachte Ausbildungsspektrum sein, aber auch bedeutend größer.

In unserem Fall ist er dem Leiter der Arbeitsvorbereitung und niemandem sonst unterstellt. Dieser hat eine Stabsstelle, die wiederum direkt der Geschäftsleitung unterstellt ist. Das gibt dem REFA-Mann Selbständigkeit und Durchsetzungskraft. Neben der Geschäftsleitung hat ihm nur eine Person etwas zu sagen.

Die Tätigkeit umfasst nicht das gesamte Spektrum der Ausbildung eines REFA-Mannes, nur wesentliche Teile. Die Beurteilung erfolgt direkt durch die Geschäftsleitung; natürlich wird der Leiter der Arbeitsvorbereitung auch eine Aussage abgeben. Diese wird aber abgeschwächt dadurch, dass er bei Urlaub und Krankheit vom REFA-Mann vertreten wird. Der muss aber dann Mitarbeiter führen und ein seinem Vorgesetzten entsprechendes Können und Wissen zeigen. Er muss die Arbeitsvorbereitung ebenfalls beherrschen. Natürlich sollte umgekehrt der Leiter der Arbeitsvorbereitung ebenso REFA-Arbeiten durchführen können und die nötige Qualifikation haben.

Die Mitarbeit in anderen Bereichen zeigt, dass sein Rat im gesamten Betrieb gefragt ist. Diese Stellenbeschreibung ist typisch für Aufsteigerpositionen. Nach 2 bis 3 Jahren wird man Leiter einer Arbeitsvorbereitung, nach weiteren 2 bis 3 Jahren Abteilungsleiter oder Betriebsleiter, wenn man sich bewährt.

Warum gehen wir hier so stark ins Detail? Um zu zeigen, wie kompliziert betriebliche Zusammenhänge sind. Ein Zeugnis sollte sie auch so beschreiben, denn in der Regel sucht man einen Spezialisten, der auch in anderen Bereichen mitreden kann. Siehe unsere Stellenbeschreibung!

4.5 Beurteilungssysteme in den Unternehmen

Beurteilungen im Unternehmen sind in der Regel wesentlich härter formuliert, als das bei Zeugnissen der Fall ist. Im Beamtenrecht kennt man eine im Bundes- und im Landesrecht einheitliche *„Dienstliche Beurteilung"*, bei der man zwischen der regelmäßigen Beurteilung alle 5 Jahre und der Zwischenbeurteilung aus besonderem Anlass, etwa bei Beförderung oder Versetzung, unterscheidet. Man nennt letztere auch *„Nichtregelmäßige Beurteilung"*.

Die Beurteilung erstreckt sich auf Eignung, Befähigung und fachliche Leistung; sie schließt mit einer Gesamtbeurteilung ab. Viele Unternehmen haben diese Unterlagen als Grundlage verwendet und sich eigene Beurteilungsbogen erarbeitet, die sich zum Beispiel auf Angestelltentätigkeiten gut anwenden lassen.

Eine derartige *„Dienstliche Beurteilung"* beziehungsweise das Formblatt dazu wird im Folgenden vorgestellt. Man verwendet je Eigenschaft oder Beurteilungspunkt fünf Kriterien, die von „sehr gut" bis „mangelhaft" reichen. Da nun nicht jeder

Beurteilungspunkt gleichwertig ist, kann ein Faktor verwendet werden. Dieser schwankt nach der Art der Position. Bei einer Hilfskraft wird man zwar die Führungsfähigkeit bewerten, denn auch diese kann eine zweite Hilfskraft anleiten und führen; jedoch bei einem Meister kann dieser Punkt die 10-fache Bedeutung haben. Umgekehrt mag die Arbeitsmenge bei beiden von gleichem Umfang sein.

Man erreicht also eine positionsspezifische Bewertung, bei der die Gesamtsumme der Bewertungen (inklusive der Werte, die durch die Faktoren vervielfacht wurden) durch die Zahl der Bewertungen (inklusive der Faktoren) geteilt wird. Zuerst erscheint ein derartiges Verfahren etwas kompliziert; man glaubt auch, dass die „Kreuzchen-Beurteilung" beziehungsweise die Eintragung der „Note" zur Willkür verleitet. Das Gegenteil ist der Fall! Durch die Vielzahl der Einzelbeurteilungen und Bewertungen entsteht ein durchaus echtes Gesamtbild, dessen Ergebnisse sich auf ein Arbeitszeugnis übertragen lassen.

Einzelbemerkungen werden im Zahlensystem nicht bewertet, wohl aber in Zweifelsfällen.

Ein derartiges Beurteilungssystem – es wurde nur eines aus der Vielzahl der üblichen Systeme herausgegriffen – kann im Betrieb dem einzelnen Mitarbeiter das Gefühl der größeren „Gerechtigkeit der Beurteilung" geben. Derartige Beurteilungen werden in der Regel nicht vom Vorgesetzten allein „im stillen Kämmerlein" getroffen, sondern mit dem Mitarbeiter zusammen erarbeitet – eventuell im Beisein des Betriebsrates. In vielen Unternehmungen hängen außerfahrplanmäßige Lohnerhöhungen und sonstige außerordentliche Zuwendungen von der Beurteilung ab.

Es ist in aller Interesse, dass man sich bei der Beurteilung der Mitarbeiter alle Mühe gibt, sachgemäß und unanfechtbar vorzugehen. Für die Formulierung eines Zeugnisses stellen derartige Beurteilungen aus mehreren Jahren eine wesentliche, stichhaltige Unterlage dar.

Im *„Beurteilungsbogen zur Bewertung von Leistungen und Verhalten"* sind Beurteilungspunkte aufgetaucht, die bei den „Bausteinen" zur Zeugniserstellung noch nicht auftraten. Das ist durchaus gewollt; es soll zeigen, dass sich, je nach Arbeitsgebiet und Aufgabe, zusätzliche Kriterien wie etwa „Verhandlungsgeschick" herausbilden können. Für das Bausteinsystem würde das bedeuten, dass eben einige Bausteine mehr zur Verfügung stehen werden, nachdem sie nach bekanntem Muster eingebaut wurden.

4.6 Die Einarbeitung von Beurteilungsergebnissen früherer Zeiträume in Schlusszeugnisse

Angenommen, es ständen fundierte Beurteilungsergebnisse über einen bestimmten Zeitraum in einem der anerkannten Systeme von *Beurteilungsbogen* und Beurteilungsgesprächen zur Verfügung. Fertigkeiten, Fähigkeiten, Leistungen, das Verhalten wären objektiv beurteilt. Man hätte regelmäßig ein *Beurteilungsgespräch* durchgeführt; es gehört zu den wesentlichen und entscheidenden Führungsmitteln in Unternehmen aller Art. (Oft sind die Beurteilungsbögen wesentlich umfangreicher als der vorgestellte.)

Entwicklungen mögen stagnieren, sie mögen rückläufig sein. Die oder der Betroffene hat Fortschritte vorweisen können.

Soll man nun den Endzustand oder die Entwicklung aufzeigen? Wie verträgt sich das mit den von den Gerichten ausdrücklich geforderten Zeugnisaussagen, die Wohlwollen und Fürsorge zeigen sollen?

Nach Ansicht des Autors ist die Entwicklung wesentlicher als ein augenblicklicher Stand oder gar der Stand von gestern. Wäre das nicht so, könnte man Pädagogik und alle Mühe der Schulung vergessen. Deswegen sollte man auch bei Zeugnissen den Mut haben, klar positive Entwicklungen aufzuzeigen. Wenn in einem Zeugnis ein innerbetrieblicher Aufstieg bestätigt und dazu vermerkt wird „… konnte seine Kenntnisse in unserem Hause entscheidend verbessern und seine Fähigkeiten auf den heutigen hohen Stand entwickeln …", so ist das eine Beurteilung, wie sie nicht besser ausfallen könnte.

Stagnation und Rückläufigkeit wird man nicht besonders vermerken; lediglich der Endzustand wird beschrieben. Wohlwollen und Fürsorge! Es könnte ja sein, dass die im Verborgenen entwickelte „Knospe" an anderer Stelle strahlend aufblüht! Etwas Risiko muss immer bleiben.

4.7 Psychologische Probleme bei der Mitarbeiterbeurteilung

Betriebe, Unternehmen aller Art, haben stets ein entscheidendes Problem – das der *innerbetrieblichen Gerechtigkeit*. Hierzu gehören nicht nur die Relationen Lohn/Leistung, Wohlverhalten/Anerkennung, Loyalität/Beförderung usw., sondern praktisch alle Grundlagen, die das Betriebsklima bestimmen.

Jedes Unternehmen bildet einen Maßstab heraus, der nur für das Unternehmen, und nur für dieses allein, vielleicht sogar nur für eine Abteilung gilt. Unter den Blinden ist der Einäugige König! Beobachtet man Unternehmen, Dienststellen, Betriebe und andere Organisationen, so wird man immer wieder ein Phänomen feststellen: Ist der Chef beziehungsweise die verantwortliche Persönlichkeit ein Praktiker, so wird sie nur Praktiker nachziehen, nur nach Praktikergesichtspunkten urteilen. Auch wenn das Unternehmen den Theoretiker noch so nötig hätte! Sie wird ihn nicht hochkommen lassen, denn unterschwellig weiß sie, dass dieser Gegenpol nicht nur wertvoll, sondern in seinem Bereich auch überlegen ist.

Gleiches gilt natürlich auch – und noch auffälliger – für den Theoretiker. Die Folge ist eine Falschbeurteilung auch bei den normalen turnusmäßigen Mitarbeiterbeurteilungen. Ja, noch mehr: Man wird die Kriterien, die der „feindlichen" Seite nützen, verschweigen! Unternehmen sind so zugrunde gegangen, Staaten an die Grenze des Abgrundes gewirtschaftet worden.

Übertragen Sie bitte nun diese Überlegungen von „Theoretiker" und „Praktiker", von denen beide Spitzenleute sein können, auf „Fähige" und „Unfähige". Was ist, wenn ein unfähiger Chef unkündbar ist? Er wird alle Fähigen wegloben und wegbeißen, und wenn er zusätzlich eine miese Persönlichkeit ist, wird er sich im Zeugnis für die Überlegenheit des „Gegners" rächen.

Ein Zeugnis ist vom Niveau des Unternehmens, der Abteilung, des Zeugnisschreibers abhängig. Auch bei „Baustein-Computeraussagen"! Irgendjemand muss ja die Aussagen auswählen. Unsere Hierarchien (Ausnahmen gibt es natürlich!) haben die Tendenz, die Mitte, den Durchschnitt, zu stärken, die Spitzen, besonders bei den Begabungen, zu eliminieren und nur die ganz Unfähigen zu entfernen. Man kann dieses

Psychologische Probleme bei der Mitarbeiterbeurteilung

Verhalten aus der Selbsterhaltung der Unfähigen heraus verstehen.

Das Ergebnis? Sind Zeugnisse objektiv? Sie können es nur so weit sein, wie es der Schreiber war und wie sein Maßstab mit dem eigenen übereinstimmt. Deshalb sollte man Zeugnisse sorgsam lesen; auch zwischen den Zeilen! Und man sollte auch einmal den Mut haben, die Persönlichkeit bei der Vorstellung über die schriftliche Aussage eines Zeugnisses zu stellen.

Natürlich, der Trend, die Entwicklung des Menschen, muss aus der Vielzahl der Zeugnisse konsequent belegbar sein. Erfolgreiche Chefs haben einen Instinkt, im Partner das zu sehen, was er bringen kann. Wenn man nach Gold schürft, hofft man auch auf die gigantische, die goldene Ader. Aber man muss planen und arbeiten. Einen Mitarbeiter zur Leistung zu bringen, ist schwere Führungsarbeit. Wenn Sie den Mut und die Kraft haben, zu motivieren, zu entwickeln und zu führen, dann können Sie auch ein missratenes Zeugnis Lügen strafen.

4.8 Beurteilungsbogen zur Bewertung von Leistung und Verhalten

für . . . .
Funktion und Position. . . . .
Beurteilungszeitraum vom . . . . . 20. . . .
                             bis . . . . . . 20. . . .

(Anleitung zum Ausfüllen siehe Seite 151)

Pos.	Bereich und Beurteilung	Note	Bewertung	Faktor ... Wert mit Faktor
A	**Leistungsstand**			
A1	*Arbeitsgüte:*			
	äußerst gründlich, zuverlässig, genau und fehlerfrei	1		
	gründlich und genau, übersieht nichts Wesentliches	2		
	gewissenhaft, ordentlich, im Allgemeinen zufriedenstellend	3		
	nicht immer genau genug	4		
	nachlässig und fehlerhaft	5		
	Anmerkungen:			
A2	*Arbeitstempo:*			
	ungewöhnlich schnell und zügig	1		
	zügig	2		
	arbeitet beständig und ohne Zeitverlust	3		
	langsam	4		

▶

Pos.	Bereich und Beurteilung	Note	Bewertung	Faktor ... Wert mit Faktor
	sehr langsam	5		
	Anmerkungen:			
B	**Berufliches Wissen und Können**			
B1	*Fachkenntnisse:*			
	umfassend und vielseitig	1		
	gründlich	2		
	durchschnittlich	3		
	lückenhaft	4		
	unzureichend	5		
	Anmerkungen:			
B2	*Fachliche Fertigkeiten, Arbeitsökonomie:*			
	zielstrebig und rational, organisatorisch geschickt	1		
	umsichtig und zweckmäßig, übersieht nichts Wesentliches	2		
	im Allgemeinen planvoll, Überblick zufrieden stellend	3		
	zu schematisch, Überblick nur bei Routineaufgaben	4		
	braucht ständig Überwachung und Anleitung	5		
	Anmerkungen:			

Berufstypische Beurteilungsmerkmale in Zeugnissen

Pos.	Bereich und Beurteilung	Note	Bewertung	Faktor ... Wert mit Faktor
C	**Arbeitsfähigkeit**			
C1	*Arbeitsbereitschaft:*			
	überdurchschnittlich aktiv, ergreift selbständig Maßnahmen	1		
	handelt auch ohne äußeren Anstoß, ausgesprochen einsatzbereit	2		
	entwickelt durchschnittliche Initiative, arbeitet mit Interesse	3		
	braucht öfters einen äußeren Anstoß, tut nur das Notwendige	4		
	gleichgültig, lustlos, ideenlos und uninteressiert	5		
	Anmerkungen:			
C2	*Belastbarkeit:*			
	unermüdlich und ausdauernd	1		
	gut belastbar	2		
	bewältigt gestellte Anforderungen	3		
	eingeschränkt belastbar	4		
	nicht belastbar	5		
	Anmerkungen:			
D	**Auffassungsgabe und Urteilsfähigkeit**			
D1	*Auffassungsfähigkeit:*			
	erkennt auch schwierige Zusammenhänge schnell und sicher	1		

▶

Pos.	Bereich und Beurteilung	Note	Bewertung	Faktor ... Wert mit Faktor
	erkennt Wesentliches rasch und sicher	2		
	hinreichend schnelle Auffassung	3		
	langsame Auffassung	4		
	zu langsame Auffassung	5		
	Anmerkungen:			
D2	*Sicherheit im Urteil:*			
	treffsicheres Urteil auch in schwierigen Fällen	1		
	klares und sicheres Urteil	2		
	meist richtiges Urteil	3		
	unsicheres Urteil	4		
	oft Fehlurteil	5		
	Anmerkungen:			
E	**Verantwortungsbereitschaft und Entschlusskraft**			
E1	*Verantwortungsbereitschaft:*			
	sehr verantwortungsbewusst und verantwortungsfreudig	1		
	verantwortungsbereit, trifft auch eigene Entschlüsse	2		
	Verantwortung nur unter Druck	3		
	scheut Verantwortung	4		
	weicht Verantwortung aus	5		

Berufstypische Beurteilungsmerkmale in Zeugnissen

Pos.	Bereich und Beurteilung	Note	Bewertung	Faktor ... Wert mit Faktor
	Anmerkungen:			
E2	*Entschlussfähigkeit:*			
	sehr schnelle, sichere und überlegte Entscheidungen auch in schwierigen Fällen	1		
	rasche und eigenständig überlegte Entschlüsse	2		
	fasst nach längerem Überlegen meist zufrieden stellende Entschlüsse	3		
	entscheidet unsicher und langsam	4		
	weicht Entscheidungen aus	5		
	Anmerkungen:			
F	**Ausdrucksvermögen**			
F1	*Schriftliches Ausdrucksvermögen:*			
	klar, treffend und überzeugend	1		
	im Allgemeinen klar und gewandt	2		
	mit Hilfen befriedigend	3		
	umständlich und unbeholfen	4		
	missverständlich und unklar	5		
	Anmerkungen:			
F2	*Mündliche Ausdrucksweise:*			
	überzeugend, treffend und klar	1		

▶

Pos.	Bereich und Beurteilung	Note	Bewertung	Faktor ... Wert mit Faktor
	im Allgemeinen klar und gewandt	2		
	manchmal stockend und zögernd	3		
	umständlich und unbeholfen	4		
	missverständlich und unklar	5		
	Anmerkungen:			
G	**Loyalität und Teambereitschaft**			
G1	*Verhalten gegenüber Vorgesetzten:*			
	stets loyal und korrekt	1		
	im Allgemeinen gut und zuverlässig	2		
	kein Anlass zu Beanstandungen	3		
	gelegentliche Schwierigkeiten	4		
	öfter Anlass zu Beanstandungen	5		
	Anmerkungen:			
G2	*Teamarbeit:*			
	gut und kollegial	1		
	gute Zusammenarbeit	2		
	Einfügungsfähigkeit und Kontaktbereitschaft	3		
	Kontaktarmut im Team	4		
	unverträglich und teamunfähig	5		
	Anmerkungen:			

▶

Berufstypische Beurteilungsmerkmale in Zeugnissen

Pos.	Bereich und Beurteilung	Note	Bewertung	Faktor ... Wert mit Faktor
H	**Kommunikationsfähigkeit**			
H1	*Verhalten gegenüber Publikum:*			
	sehr sicher und zuvorkommend	1		
	sicher und taktvoll	2		
	im Allgemeinen korrekt	3		
	zu wenig distanziert	4		
	kühl und unpersönlich	5		
	Anmerkungen:			
H2	*Informationsbereitschaft:*			
	rechtzeitige, vollständige und korrekte Information	1		
	in der Regel korrekte und genügend schnelle Information	2		
	meist zufrieden stellende Informatio	3		
	Informationen haben manchmal Mängel	4		
	informiert zu spät und unvollständig	5		
	Anmerkungen:			
I	**Verhandlungsführung**			
I2	*Verhandlungsleitung:*			
	straff und klar	1		
	gut und konsequent	2		

▶

Pos.	Bereich und Beurteilung	Note	Bewertung	Faktor ... Wert mit Faktor
	im Allgemeinen zufriedenstellend	3		
	lasch und gleichgültig	4		
	inkonsequent und fahrig	5		
	Anmerkungen:			
I2	*Verhandlungsgeschick:*			
	versiert und überzeugend	1		
	gewandt und zielstrebig	2		
	zufriedenstellend	3		
	wenig Verhandlungsgeschick	4		
	eigensinnig und verbohrt	5		
	Anmerkungen:			
I2	*Verhandlungsgeschick:*			
K	**Führungsverhalten und Organisation**			
K1	*Führungsverhalten:*			
	versteht Mitarbeiter zu überzeugen und zu führen	1		
	führt Mitarbeiter zielstrebig	2		
	ist in der Lage zu führen	3		
	hat Mängel in der Führung	4		
	für Führung ungeeignet	5		
	Anmerkungen:			

Berufstypische Beurteilungsmerkmale in Zeugnissen

Pos.	Bereich und Beurteilung	Note	Bewertung	Faktor ... Wert mit Faktor
K2	*Dispositionsfähigkeit:*			
	kann klar und systematisch organisieren	1		
	kann gut organisieren	2		
	kann mit Hilfen organisieren	3		
	hat Schwierigkeiten bei der Organisation	4		
	versagt bei Organisationsaufgaben	5		
	Anmerkungen:			

Zusammenfassung:

Summe der (Noten mal Faktor)
= mit dem jeweiligen Faktor multiplizierte Noten ....

Summe der Faktoren ....

Beurteilung:

$$\frac{\text{Summe der (Noten mal Faktor)}}{\text{Summe der Faktoren}} =$$ Gesamtnote ....

Einstufung:

1 bis 1,49 = sehr gut
1,5 bis 2,49 = gut
2,5 bis 3,49 = befriedigend
3,5 bis 4,49 = ausreichend
über 4,5 = mangelhaft beziehungsweise ungenügend

Bemerkungen:

Anleitung zum Einsatz des Beurteilungsbogens zur regelmäßigen Mitarbeiterbeurteilung und zur Beurteilung aus besonderem Anlass

1. Der Beurteilungsbogen zeigt 20 paarweise geordnete Beurteilungspunkte in der Notenstufung 1 bis 5, wobei die Note mit einer Textformulierung erklärt wird.
2. Einzutragen sind Name, Position und Beurteilungszeitraum.
3. Im Normalfall haben die Beurteilungspunkte den Faktor 1. Zur besseren Gewichtung können die einzelnen Beurteilungspunkte mit Faktor 2, 3, 4 etc. versehen werden. Wenn etwa die Arbeitsgüte dreimal so wichtig ist wie andere Punkte, erhält sie Faktor 3. Beurteilungspunkte, die entfallen, erhalten Faktor 0. Die Wahl dieser Faktoren ist abhängig vom Arbeitsplatz und von der Funktion.
4. Dem Mitarbeiter wird die Funktion erklärt – Bewertungen sind immer zusammen mit dem Mitarbeiter vorzunehmen – dann wird je Beurteilungspunkt eine Beurteilung in der ersten Reihe angekreuzt.
5. Bei der Auswertung wird die Note in der angekreuzten Reihe in der Spalte „Bewertung" eingetragen, mit dem entsprechenden Faktor multipliziert und in die Spalte „Wert mit Faktor" eingetragen.
6. Die Summe der mit dem jeweiligen Faktor multiplizierten Noten wird in der Zusammenfassung eingetragen. Ebenfalls wird die Summe der Faktoren festgestellt und eingetragen.
7. Die Summe der mit dem jeweiligen Faktor multiplizierten Noten (= Noten mal Faktor) wird durch die Summe der Faktoren geteilt: Daraus ergibt sich die „Gesamtnote".
8. Die „Gesamtnote" kann, wie bei Schulnoten, unter „Bemerkungen" auch als Wort ausgeschrieben werden.

Checkliste (D): Welche Aussage hat ein Arbeitszeugnis als Grundlage zur Bewerberauswahl?

Bei der Ausstellung eines Berufszeugnisses sind eine Fülle von Rechtsfragen zu beachten; die Beurteilung muss sowohl wahr als auch wohl wollend sein. Zum anderen ist sie für den zukünftigen Arbeitgeber eine der wesentlichsten Informationsquellen, die Auskunft geben, für welchen Bewerber er sich entscheiden soll. Bereits beim Schreiben eines Zeugnisses sollte sich der Aussteller Gedanken darüber machen, welche Auskünfte Zeugnisse bei einer Analyse der Bewerbungsunterlagen geben.

Pos.	Fragen, Beurteilungen, Fakten	erfüllt	nicht erfüllt
1	Vermitteln die Zeugnisse schon vom äußeren Bild den Eindruck renommierter Firmen?		
2	Ist der Berufsweg lückenlos mit Arbeitszeugnissen belegt?		
3	Sind die Gründe bekannt und akzeptierbar, wenn Zeugnisse über bestimmte Zeitabschnitte fehlen?		
4	Befinden sich unter den Arbeitszeugnissen einfache, und ist eine Begründung erkennbar?		
5	Haben die qualifizierten Zeugnisse einen akzeptablen Umfang, sind sie nicht zu knapp gehalten?		
6	Passen die in den Zeugnissen aufgeführten Tätigkeiten zum beruflichen Werdegang und zur theoretischen Ausbildung?		
7	Stimmen Zeugnisaussagen und mögliche entwickelte Berufserfahrung überein?		
8	Passt der berufliche Werdegang nach den Zeugnissen zur ausgeschriebenen Position?		

Beurteilungsbogen

Pos.	Fragen, Beurteilungen, Fakten	erfüllt	nicht erfüllt
9	Sind Fortbildungsmaßnahmen bestätigt, die für die Position wichtig sind?		
10	Passen die Schwerpunkte der Tätigkeitsbeschreibungen zur ausgeschriebenen Position?		
11	Wie lange sind die wesentlichen Tätigkeiten ausgeübt worden?		
12	Stimmen die Beschreibungen der Tätigkeiten mit ihrer Bedeutung überein?		
13	Werden alle zu einer Tätigkeit gehörenden Aufgaben beschrieben? Fehlen keine?		
14	Verweilte der Aussteller ausführlich bei Tätigkeiten, die nur geringe Bedeutung haben? Ist das auffällig?		
15	Würdigt man bei den Schwerpunkten der Tätigkeit auch die Leistung und das Verhalten?		
16	Sind alle wesentlichen Merkmale beurteilt, fehlt auch keine?		
17	Sind die Beurteilungen so formuliert, dass keine Zweifel an der Eignung für die Tätigkeit aufkommen können?		
18	Stimmt die Relation zwischen dem Umfang der Beurteilung und dem zu beurteilenden Tatbestand?		
19	Ist der Grund des Ausscheidens akzeptabel, vor allem klar erkennbar?		
20	Enthält das Zeugnis keine Ungereimtheiten, beispielsweise Differenzen in der Aussage zwischen Beurteilung und Schlusssatz?		
21	Ist das Zeugnis formal und stilistisch einwandfrei; beherrschte der Schreiber seine Aufgabe?		

Pos.	Fragen, Beurteilungen, Fakten	erfüllt	nicht erfüllt
22	Welche Funktion hat der Schreiber in der Firma? War sie eine übergeordnete, leitende?		
23	Erstellte man ein ausführliches, angemessenes Zeugnis und nicht eines nach der Routine-Methode negativer Art?		
24	Lässt die ausstellende Firma positive Schlüsse zu, dass der Bewerber seine Aufgaben erfüllen wird?		
25	Passt das ausgestellte Zeugnis voll in den Berufsweg des Bewerbers?		
26	Hat das Zeugnis wegen Aussage oder Dauer der Tätigkeit besondere Bedeutung?		
27	Haben alle Bewerbungsunterlagen den Eindruck der Kontinuität der Karriere verstärkt?		

Gewiss ist es schwierig, einem Zeugnis mehr als die Daten der Berufsausbildung und die Dauer von einzelnen Tätigkeiten zu entnehmen. Vor allem muss für den künftigen Inhaber der ausgeschriebenen Position eine klare Stellenbeschreibung vorliegen. Man muss wissen, was man will. Dabei kann es vorkommen, dass zum Beispiel eine kurze Zeit, in der spezielle Erfahrungen gesammelt wurden, in der Nützlichkeit alle anderen Überlegungen und Fakten überwiegt. Die Eignung eines Menschen für eine bestimmte Position kann durch diesen blockhaften Eignungspunkt bestimmt sein, aber auch durch ein Mosaik verschiedener miteinander verbundener Eigenschaften. Die Erfahrung zeigt jedoch, dass der vielseitigere, innovativere Bewerber oft dem überlegen ist, der schnell veraltete, nur übernommene, nicht selbst entwickelte Erfahrungen mitbringt. Eine besondere Rolle bei Einstellungen spielt die Erwartung, dass die Bewerberin bzw. der Bewerber wenig Ausfall- und Krankenzeiten hatte. Diesbezüglichen Fragen des Arbeitgebers stehen beim Vorstellungsgespräch rechtliche Bedenken entgegen. Ein Hinweis darauf im Arbeitszeugnis, z. B. „dank ihrer (seiner) guten Gesundheit und hohen Spannkraft …", kann für eine Einstellung ausschlaggebend sein.

5 Gibt es Geheimcodes?

Eine Fülle von Formulierungen wurden vorgestellt. Sie sollen „ehrlich" gemeint sein und auch so gelesen und gedeutet werden. Sie zeigen – gleich, ob sie als „Baukasten" aufgebaut sind oder nicht – dass es eine Fülle von Abstufungen und Beurteilungsmöglichkeiten gibt. Hat sich jemand eine „strafbare Handlung" zuschulden kommen lassen, dann muss dies aus Haftungsgründen ohnedies vermerkt werden.

Um es gleich vorwegzunehmen: Es gibt darüber hinaus „eingebürgerte" Codes, mit denen man besondere Leistungen honorieren oder schlechte Leistungen aufzeigen will. In letzterem Falle operiert man mit Codes allerdings nur, um keine Schwierigkeiten zu bekommen. Die Formulierung klingt wohl wollend, ist es aber nicht.

Auf der positiven Seite ist ja der Begriff „vollste Zufriedenheit", dieses Wortungetüm, auch ein Code, auf das mit Sicherheit kein hervorragender Mitarbeiter verzichten will.

Es gibt also sicher Codes, und sie werden auch angewandt. Nur „Geheimcodes" sind es nicht, denn sie sind allgemein bekannt. Bekannt aber bei allen Zeugnisschreibern? Wenn nicht, kann es zu gut gemeinten Formulierungen kommen, die sich aus Unkenntnis heraus dann als Karrierebremse entpuppen.

Wie dem auch sei, wir werden diese Codes sorgsam untersuchen, damit sie erkannt und ausgetauscht werden können. Doch zuerst zu den „vereinbarten Formulierungen".

5.1 „Vereinbarte" Formulierungen bei normalen Beurteilungen

Bei den ersten Überlegungen zur Gestaltung von Arbeitszeugnissen wurden bereits Stufungen in der Beurteilung vorgenommen. Man kann in vier Wertstufen urteilen oder in fünf, wie bei dem Beurteilungsbogen zur Bewertung von Leistung und Verhalten (siehe Kapitel 4.8); in der folgenden Tabelle werden sechs Stufen verwendet, wie das in Schulen und Hochschulen üblich ist.

Es wäre ein Leichtes gewesen, in dieser Arbeit die Abstufungen in der Bewertung zu nivellieren. Jede Notenstufe erhielte dann ihre Aussage. Das wäre aber wenig sinnvoll, denn dann wären die Unterschiede in den Beurteilungen, wie sie tatsächlich verwendet werden, nicht zu erkennen. Vorwiegend in großen Unternehmen, bei denen der Beurteiler Angestellter ist und Streit, vor allem Prozesse, fürchtet, werden positiv erscheinende Formulierungen eingesetzt, die weit schlechtere Aussagen beinhalten, als man auf den ersten Blick annehmen möchte.

Sehen wir uns im Detail die einzelnen Beurteilungen an:

1 = *sehr gut* = „stets zur vollsten Zufriedenheit" und „stets in jeder Hinsicht" entspricht dem allgemeinen Maßstab.

1–2 = *sehr gut bis gut* = „vollste Zufriedenheit" und „immer sehr zufrieden" gilt bereits als beachtliche Abwertung, obwohl nur das Wort „stets" fehlt und „immer" eigentlich „stets" bedeutet. (Zudem ist „stets" kein gebräuchliches Wort in Süddeutschland.)

2	= gut	= „stets zur vollen Zufriedenheit" und „sehr zufrieden" entspricht der normalen Bewertung guter Leistungen.
3	= befriedigend	= „zur vollen Zufriedenheit" und „wir waren zufrieden" zeigt eine Durchschnittsleistung.
3–4	= befriedigend bis ausreichend	= „stets zu unserer Zufriedenheit" und „waren befriedigend" offenbaren bereits eine Unsicherheit. Ausreichende Leistungen sollte man nicht als befriedigend bezeichnen.
4	= ausreichend	= „zu unserer Zufriedenheit" und „war befriedigend" zeigen Nuancen; bei 3–4 werden mehrere Leistungen aufgeführt, bei 4 nur eine!
5	= mangelhaft	= „im Großen und Ganzen zufrieden" und „im Großen und Ganzen befriedigend" zeigen bereits schwere Mängel.
5–6	= ungenügend	= „war stets bemüht" ist klar; ebenso
6	= ungenügend	= „war bemüht", „hat sich bemüht"; solche Formulierungen verraten, dass nichts herausgekommen ist.

5.2 Formulierungen zur Beurteilung von Leistungen (angelehnt an übliche Schul- und Hochschulbeurteilungen)

Note	Aussage	Zeugnisformulierung 1	Zeugnisformulierung 2
1	sehr gute Leistung	Die übertragenen Arbeiten wurden *stets* zu unserer *vollsten* Zufriedenheit erledigt.	Mit dem Fleiß, der Führung und der Leistung waren wir stets in *jeder Hinsicht* zufrieden.
1–2	sehr gute bis gute Leistungen	Die ihm übertragenen Arbeiten wurden zu unserer *vollsten* Zufriedenheit erledigt.	Mit dem Fleiß, der Führung und der Leistung waren wir *immer sehr* zufrieden.
2	gute Leistung	Die übertragenen Arbeiten wurden *stets zu* unserer *vollen* Zufriedenheit erledigt.	Mit dem Fleiß, der Führung und der Leistung waren wir *sehr zufrieden.*
3	befriedigende Leistung	Die übertragenen Arbeiten wurden zu unserer *vollen* Zufriedenheit erledigt.	Mit dem Fleiß, der Führung und der Leistung waren wir *zufrieden.*
3–4	befriedigende bis ausreichende Leistung	Die übertragenen Arbeiten wurden *stets zu unserer Zufriedenheit* erledigt.	Die Leistungen und die Führung *waren befriedigend.*
4	ausreichende Leistung	Die übertragenen Arbeiten wurden *zu unserer Zufriedenheit* erledigt.	Die Leistung war befriedigend.
5	mangelhafte Leistung	Die übertragenen Arbeiten wurden *im Großen und Ganzen* zu unserer Zufriedenheit erledigt.	Die Leistungen waren *im Großen und Ganzen* befriedigend.
5–6	ungenügende Leistung	Er war *stets bemüht*, die übertragenen Arbeiten zu unserer Zufriedenheit zu erledigen.	Er war *stets bemüht*, gute Leistungen zu bringen.
6	ungenügende Leistungen	Er hat *sich bemüht*, die übertragenen Arbeiten zu unserer Zufriedenheit zu erledigen.	Er *war bemüht*, gute Leistungen zu bringen.

Gibt es Geheimcodes?

5.3 Zeugnisformulierungen in der Umschreibung, in der Aussage und im Klartext

Umschreibung	Aussage	Klartext
„Er erfüllte die Aufgaben stets zur vollsten Zufriedenheit."	Ein guter, verlässlicher Mitarbeiter.	Wir können ihn bestens empfehlen.
„Er hatte persönliches Format."	Genoss allgemein Wertschätzung, wirkte manchmal aber erdrückend.	Man kann ihm schwierige Aufgaben anvertrauen.
„Er arbeitete zur vollen Zufriedenheit seiner Vorgesetzten."	Er tat seine Schuldigkeit, mehr aber nicht.	Braucht manchmal etwas Druck.
„Er erledigte die Arbeiten mit beachtlichem Fleiß und Interesse."	Er hat sich redlich geplagt, es ist aber wenig herausgekommen.	Wenn er nicht überfordert und gut geführt wird, kann es etwas werden!
„Er erledigte die Arbeiten immer ordnungsgemäß."	Bürokrat ohne Eigeninitiative.	Braucht Führung und Druck.
„Er zeigte Verständnis für die anfallenden Arbeiten."	Ohne Fleiß und eigenen Antrieb.	Stellt ja die Niete nicht ein!
„Er entsprach unseren Erwartungen."	Hatte durchwegs schlechte Leistungen.	Hoffnungsloser Fall.
„Er hatte ein gutes Verhältnis zu Vorgesetzten und vermied Spannungen."	Typischer Ja-Sager ohne eigenes Profil.	Spielt „Mädchen für alles" ohne Widerrede.
„Er hat seine Mitarbeiter gut motiviert."	Brachte eine gute Personalführung.	Gebt ihm eine schwierige Gruppe; er wird zurechtkommen.

Formulierungen zur Beurteilung von Leistungen | 161

„Er hatte fest gefügte Ansichten und wusste diese gut zu verkaufen."	Sturer, unangenehmer Mitarbeiter.	Wollen Sie laufend Streit in Ihrem Hause haben?
„Sein Blick für das Wesentliche war gut ausgeprägt."	Ein Mitarbeiter mit stark ausgebildeter Zielstrebigkeit.	Geben Sie ihm eine schwierige, übergeordnete Aufgabe!
„Er war tüchtig und wusste sich gut zu verkaufen."	Wichtigtuer, unangenehm und aufdringlich.	Soll man sich jeden Ärger aufladen?
„Die gebotene Leistung lag durchaus im Rahmen der Fähigkeiten."	Mühte sich, aber es kam nicht viel heraus.	Nur einstellen, wenn keine besseren Lösungen möglich sind.
„Er war freundlich, hilfsbereit und loyal."	Nicht viel los, negative fachliche Leistung.	Schade dass man ihn nicht auf Leistung bringen kann!
„Für die Belegschaft zeigte er ein großes Einfühlungsvermögen."	Stellte während der Arbeitszeit den Damen nach!	Nur allein oder im Männerzirkel brauchbar!
„Er trat für die Mitarbeiter ein."	Bei Vorgesetzten: Stopfte aufmüpfigen Mitarbeitern mit Gehaltserhöhungen den Mund!	Als Führungskraft fragwürdig.
„Seine Pünktlichkeit war beispielhaft."	Außer Selbstverständlichkeiten war mit ihm nichts los.	Schlechte Leistung.
„Er verstand es, die Aufgaben mit vollem Erfolg zu delegieren."	Drückte sich, wo er konnte.	Einen Drückeberger einstellen?

Gibt es Geheimcodes?

Umschreibung	Aussage	Klartext
„Die Trennung von diesem aktiven Mitarbeiter erfolgte im gegenseitigen Einvernehmen."	Dem Dickkopf wurde gekündigt, weil er ständig Opposition spielte.	Unerträglicher, eigensinniger Querschädel.
„Seine gesellige, freundliche Art war geschätzt."	Spielte die Betriebsnudel und trank übermäßig.	Prost, Gemeinde!
„Seine Toleranz im Kollegenkreis war bekannt."	Schwieriger Mitarbeiter für die Vorgesetzten.	Vorsicht – Cliquenbildung möglich!
„Er verfügt über Fachwissen und zeigt ein gesundes Selbstvertrauen."	Mit großen Sprüchen wird das geringe Fachwissen überspielt.	Sie werden von dem Mitarbeiter keinen großen Nutzen haben.
„Neuem gegenüber war er beachtlich aufgeschlossen."	Aufgeschlossen ja, aber nicht um es zu nutzen.	Für Neuentwicklungen wenig brauchbar.
„Er hat die Aufgaben zu seinem und im Interesse der Firma gelöst."	Er hat geklaut oder andere schwere Unkorrektheiten begangen.	Unsicherer Mann, nicht einstellen!
„Er hatte sehr gute charakterliche und menschliche Eigenschaften und wurde ein beliebter Mitarbeiter."	Bei Fehlen von fachlichen Beurteilungen: als Vorgesetzter ungeeignet.	In untergeordneter Stelle brauchbar.
Zur Beachtung: Natürlich gelten derartige Umschreibungen, Aussagen und Klartexte auch für Damen! Man ist da keineswegs so höflich, netter zu formulieren. Zeugnisaussagen sind knallharte Informationen, die anderen Arbeitgebern Schwierigkeiten ersparen sollen.		

5.4 Die unterschiedlichen Interessen von Arbeitgeber und Arbeitnehmer

Der Arbeitnehmer hat ein Interesse daran, dass er ein Zeugnis bekommt, das ihn auf seinem weiteren Berufsweg fördert. Deshalb wird er – und sei es vor Gericht – ein „verständiges Wohlwollen" verlangen, das ihm sein Fortkommen nicht erschwert. Auch er will, dass das Zeugnis wahr und glaubwürdig ist, denn sonst würden alle Zeugnisaussagen wertlos. Er ist aber der Meinung, dass aus dem „Wahrheitsgebot" keine Verpflichtungen zu schonungsloser Offenheit bei negativen Vorfällen abgeleitet werden können. Er würde es zum Beispiel unerträglich finden, wenn durch einen Geheimcode im Zeugnis politische Einstellungen weitervermittelt würden und dagegen klagen – zu Recht.

Der Arbeitgeber oder sein Vertreter will demgegenüber umfassend über den Zeugnisinhaber unterrichtet werden; vor allem interessieren seine Leistungen und Verhaltensweisen. Er will sicher sein, dass sich bereits bekannte schwerwiegende Verfehlungen nicht wiederholen und ihm Schaden zufügen. Der ausstellende Unternehmer oder sein Vertreter wiederum will auf keinen Fall schadenersatzpflichtig werden, weil eine Fehlleistung verschwiegen oder nicht deutlich genug aufgezeigt wurde.

Natürlich wünscht der Ausstellende keinen Streit oder gar einen Prozess. Er wird sich zwischen den Ansprüchen hindurchlavieren müssen; kein Wunder, dass sich hier Formulierungen herausgebildet haben, die oft „nicht ganz fair" sind.

5.5 Zeugnisformulierungen mit zweifelhaften Aussagen

Die Tabelle „Zeugnisformulierungen in der Umschreibung, in der Aussage und im Klartext" (siehe Seite 160) zeigt eine Gegenüberstellung von Umschreibungen, Aussage und Klartext. Einige wesentliche Details sollen hier herausgegriffen werden:

„vollste Zufriedenheit"	zeigt immer hervorragende Leistungen an.
„persönliches Format"	bedeutet Wertschätzung, Leistungsfähigkeit, aber oft eine erdrückende Persönlichkeit.
„volle Zufriedenheit"	bedeutet, dass der Bewerber ein wenig Druck braucht.
„beachtlicher Fleiß und Interesse"	verraten Plage mit wenig Effekt.
„ordnungsgemäße Erledigung"	bedeutet letztlich „Bürokrat".
„zeigte Verständnis"	meint einen Menschen ohne Antrieb, mit wenig Fleiß.
„Gutes Verhältnis zu Vorgesetzten"	kennzeichnet einen Ja-Sager.
„fest gefügte Ansichten"	signalisiert: Sturkopf.
„wusste sich gut zu verkaufen"	bezeichnet einen Wichtigtuer!
„im Rahmen der Fähigkeiten"	der Anwärter kann nicht viel.
„die Pünktlichkeit war beispielhaft"	aber sonst nichts.
„delegierte mit vollem Erfolg"	hier drückte sich einer, wo er konnte.

„gesellige, freundliche Art"	säuft er?
„gesundes Selbstvertrauen"	bescheinigt man jemand, der wenig weiß, viel blufft.
„Neuem gegenüber aufgeschlossen"	beschreibt jemand, der das Neue aber nicht nutzen konnte.
„Aufgaben in seinem und im Interesse der Firma gelöst"	enthält eine deutliche Warnung Der Zeugnisinhaber hat gestohlen oder war sonst unkorrekt.

Es besteht kein Zweifel, dass man mit derartigen Aussagen Informationen weitergeben kann. Dagegen wäre ja nichts zu sagen, wenn alle Zeugnisschreiber den Sinn der Informationen kennen würden und die Formulierung unterließen, wenn der umschriebene Tatbestand nicht gegeben ist. Viele Zeugnisse mit entsprechend missverständlichen Passagen sind jedoch nicht böser Wille, sondern einfach Ungeschicklichkeit.

5.6 Beurteilungen, die im Zeugnis-Schlusssatz stecken

Zeugnisaussage	Bedeutung
Für den weiteren Lebensweg wünschen wir … auch in Zukunft Glück und Erfolg für den beruflichen Weg und das Erreichen seiner Ziele. Für die jahrelange erfolgreiche Zusammenarbeit sind wir zu Dank verpflichtet.	Ein erstklassiger Mitarbeiter, den man gerne in der Firma gehalten hätte und mit dem man in Verbindung bleiben will.
Wir wünschen … für seinen weiteren Lebensweg alles Gute. Sein Ausscheiden nehmen wir mit Bedauern zur Kenntnis.	Man hätte den Mitarbeiter gerne behalten, aber wandernde Leute soll man nicht halten!
Das Ausscheiden erfolgt auf eigenen Wunsch.	Neutrale Feststellung – der Mitarbeiter hat eben gekündigt.
Das Ausscheiden erfolgt aus organisatorischen Gründen.	Man war froh, den Mitarbeiter loszuwerden!
Das Ausscheiden erfolgte im beiderseitigen Einverständnis.	Dem Mitarbeiter wurde nahe gelegt, von sich aus zu kündigen.
Leider sehen wir uns nicht mehr in der Lage, … weiterzubeschäftigen, und kündigen zum … das Arbeitsverhältnis.	Hier ist irgendetwas vorgefallen. Man sollte die anderen Formulierungen prüfen und beim Arbeitgeber anrufen, eine Auskunft einholen.
Wir bedauern, dass wir … aus Arbeitsmangel entlassen müssen.	Man entlässt aus Arbeitsmangel nur die, die leicht ersetzbar sind!
Das Ausscheiden erfolgt im gegenseitigen Einvernehmen. Wir wünschen … eine Tätigkeit im organisatorischen Bereich.	Wenn der oder die Betreffende Kassierer war, ist das Zeugnis klar – nie wieder Kasse! Es ist zu gefährlich!

5.7 Nicht Codes in ungeschickte Formulierungen hineinlesen!

Man sollte niemals negative Aussagen positiv umschreiben müssen. Allein das Vorhandensein derartiger Formulierungen kann schwerwiegende Probleme schaffen. Einige davon sind:

1. Der Mitarbeiter nimmt widerspruchslos oder sogar zufrieden ein Zeugnis mit positiven Formulierungen an. Erst nach Ablauf der Einspruchsfrist merkt er bei späteren Bewerbungen, dass es nur Absagen bringt. Fehlbeurteilungen, Hass und Missgunst sind nie ganz auszuschließen. Es ist möglich, ganz bewusst jemanden mit einer zweifelhaften Formulierung zu schaden.
2. Der Arbeitgeber schreibt in Unkenntnis der Formulierungswirkung in bester Absicht ein Zeugnis; der zukünftige Arbeitgeber „übersetzt" nach den Aussagen des Code. Der ahnungslose Arbeitnehmer kommt um seine verdiente Chance. Besonders bei kleinen Betrieben geschieht es oft, dass irreführende Zeugnisse ausgestellt werden.
3. Der Arbeitgeber benutzt beim Schreiben des Zeugnisses den Code; der zukünftige Arbeitgeber kennt ihn aber nicht oder interpretiert ihn falsch. Der Mitarbeiter wird in gutem Glauben eingestellt; der neue Arbeitgeber sieht sich enttäuscht oder gar geschädigt.

Die in der Tabelle „Zeugnisformulierungen in der Umschreibung ..." (siehe Seite 160) vorgestellten Formulierungen – es ist sicher keine Vollständigkeit erreicht worden – können beim unerfahrenen Zeugnisleser zu einer anderen als der gewollten Interpretation führen. Manche der Formulierungen reichen bis zur Bloßstellung privaten Verhaltens.

5.8 Klare Aussagen in Arbeitszeugnissen sind Karrierebausteine!

Wer mehrmals Formulierungen in Zeugnissen „nachbessern" musste oder vom Arbeitsgericht dazu gezwungen wurde, der wird vorsichtiger werden und, je nachdem, mehr zur Wahrheit oder mehr zum Wohlwollen tendieren. Ähnlich ist die Situation nach einem Schadenersatzprozess.

Gute und sehr gute Leistungen sollte man immer so nennen, sie klar und deutlich beschreiben. Ein sehr guter Mitarbeiter hat es verdient, ein aussagefähiges Zeugnis zu erhalten, das ihn beruflich weiterbringt. Zum anderen muss man die Code-Formulierungen kennen, sie aber nur dann verwenden, wenn kein anderer Weg mehr offen bleibt. Im Idealfall kommt es so weit, dass der Code bei Arbeitnehmern und Arbeitgebern bekannt ist und somit alles Geheimnisvolle verliert. Dabei sind heute schon „Codes" im Gebrauch, die sogar eingeklagt werden können. Wenn der Mitarbeiter es will und er es verdient hat, müssen Sie ihm „vollste Zufriedenheit" bestätigen.

Wir haben es hier bereits mit einer Erstarrung der Formulierung zu tun. Auch das ist nicht gut. Wenn ein beliebiger Zeugnisschreiber klar und deutlich, aber eben mit seinen eigenen Worten die Leistungen beschreibt – beispielsweise, dass sie weit über dem Durchschnitt lagen, dass sie dem Unternehmen einen klar umrissenen Nutzen brachten –, dann wird es nicht mehr nötig sein, zu Verklausulierungen zu finden.

Auf der anderen Seite sollten sich die Gerichte Gedanken machen, wieweit der Schadenersatz beziehungsweise die Angst davor oder die Wahrheit einer Aussage in berechtigten Fällen Vorrang haben vor dem Wohlwollen und der Fürsorgepflicht.

6 Die Berücksichtigung rechtlicher Situationen bei der Ausstellung von Arbeitszeugnissen

Der Rechtsanspruch eines Arbeitnehmers auf ein Zeugnis ist unbestritten; aber auch eine Vielzahl von anderen Bestimmungen, Teilen von Gesetzen und Verordnungen, regelt Details. Einige davon seien hier vorgestellt. Soweit die Aussagen nicht für sich selbst sprechen, werden sie erläutert, in ihren Wirkungen erklärt.

6.1 Der Anspruch auf ein Arbeitszeugnis

Dienst- und Arbeitsverhältnisse allgemein spricht **§ 630 BGB** an. Der „Verpflichtete" (der Arbeitnehmer) kann vom anderen Teil (dem Arbeitgeber) ein schriftliches Zeugnis fordern, das das Dienstverhältnis und dessen Dauer bestätigt. Auf Verlangen ist das Zeugnis auf die Leistung und die Führung im Dienst zu erweitern. Damit sind die Grundlagen für das einfache und das qualifizierte Zeugnis gelegt.

Der **§ 16 BBiG** (Berufsbildungsgesetz) formuliert ähnlich, fügt aber hinzu, dass der Ausbilder dann das Zeugnis auch unterschreiben muss, wenn der Ausbildende (die Firma, der Chef) nicht selbst ausgebildet hat.

Bei Personen im öffentlichen Dienst gelten analoge Regelungen nach **§ 92 BBG** (Bundesbeamtengesetz). Selbst Vorstandsmitglieder haben einen Anspruch auf ein Zeugnis. Bei freien Mitarbeitern wird ein Anspruch aus dem **§ 611 ff. BGB** hergeleitet, wenn ein Dienstvertrag vorliegt.

Ferner können – ohne nun näher zu erläutern – folgende Gesetze und Bestimmungen von Bedeutung sein:

§ 80 BetrVG (Betriebsverfassungsgesetz) Allgemeine Aufgaben, **§ 82** Anhörungs- und Erörterungsrecht des Arbeitnehmers, **§ 83** Einsicht in die Personalakten, **§ 84** Beschwerderecht, **§ 85** Behandlung von Beschwerden durch den Betriebsrat, **§ 94** Personalfragebogen, Beurteilungsgrundsätze – sowie andere Gesetze.

Nach den Regeln des BGB verjährt ein Anspruch auf ein Zeugnis erst nach 30 Jahren; in der Praxis gilt er jedoch früher verwirkt, weil sich schon nach wenigen Jahren einzelne Fakten nur noch schwer belegen lassen.

6.2 Was ein Arbeitszeugnis enthalten darf und was es enthalten muss

Was das Zeugnis nicht enthalten darf, ist oben mit der Bestimmung der Gewerbeordnung gezeigt worden. Bei Verstößen kann derartiges Verhalten wegen Verletzung der Fürsorgepflicht belangt werden. (Gesetzestexte finden Sie in Kapitel 6.9)

Arbeitszeugnisse sind schriftlich zu erteilen, in Maschinenschrift, ohne Radierungen. Die Person ist genau anzusprechen und zu bezeichnen. Das Zeugnis muss Ort und Datum sowie die volle Anschrift des Arbeitgebers enthalten. Die Textsprache ist auch bei Ausländern deutsch.

Das Dokument trägt die Überschrift „Zeugnis"; die Unterschrift muss von dem Verantwortlichen tatsächlich geleistet werden (ein Faksimile genügt nicht). Die Unterschrift ist auf alle Fälle von einer Person zu leisten, die im Rang innerhalb der Unternehmenshierarchie höher steht. Die Unterschrift darf nicht mit Bleistift ausgeschrieben sein, sondern mit Tinte oder Kopierstift.

Sich das Zeugnis selbst auszustellen, ist möglich; die Unterzeichnung des Berechtigten (Vorgesetzten) erkennt den Text an.

Zeugnis-Formblätter dürfen eingesetzt werden, ebenso Beurteilungsbögen. Die **§§ 82** und **83**, **§ 94 BetrVG** bringen dazu Hinweise.

6.3 Wann ein Arbeitszeugnis zu berichtigen ist

Wenn ein Arbeitnehmer nur ein einfaches Zeugnis verlangt hat, kann er später auch ein qualifiziertes Zeugnis fordern. Der Arbeitnehmer hat zwar nur einen Anspruch auf *ein* Zeugnis, doch einen weiteren aus der „nachwirkenden Fürsorgepflicht" heraus. Bei Fehlern besteht nach **§ 611 BGB** „Fürsorgepflicht" ein „einklagbarer Berichtigungsanspruch".

Der Arbeitnehmer muss in diesem Fall beweisen, dass das Zeugnis oder einige Passagen daraus unrichtig sind, um diesen Berichtigungsanspruch notfalls vor dem Arbeitsgericht durchzusetzen. Die Beweisführung fällt am leichtesten bei vorhandenen Zwischenzeugnissen oder Beurteilungsbogen, am besten aus mehreren Zeiträumen. Dann muss der Arbeitgeber sein Verhalten vertreten.

Das Arbeitsgericht prüft hierauf, ob das Zeugnis auf richtige Weise erstellt wurde, ob die Aussagen im Zeugnis den Tatsa-

chen entsprechen, ob die Vorstellungen und Argumente des Arbeitgebers, sein Maßstab der Bewertung stichhaltig sind.
Bei Änderungen wird grundsätzlich ein neues Zeugnis geschrieben, das alte zurückgegeben. Korrekturen würden den Streit aufzeigen; deshalb sind sie verboten. Es ist kein Hinweis erlaubt, dass die Änderung nach einer gerichtlichen Auseinandersetzung erfolgte. Eine andere Form der Zeugnisänderung ist, wenn nachträgliche Verfehlungen erkannt werden.

6.4 Die rechtliche Behandlung von Auskünften und Referenzen

Das Misstrauen gegen die Auskünfte aus Zeugnissen nimmt zu; der Zwang zur wohlwollenden und fürsorglichen Beurteilung lässt nach neuen Wegen suchen, *sichere* Informationen über einen Bewerber zu erhalten. Man holt telefonisch oder schriftlich bei früheren Arbeitgebern Informationen ein. Der Arbeitgeber ist infolge der „nachwirkenden Fürsorgepflicht" gehalten, im Interesse des Arbeitnehmers Dritten gegenüber Auskünfte zu erteilen.

Auch gegen den Willen und ohne die Zustimmung des ehemaligen Arbeitnehmers kann der Arbeitgeber wahrheitsgemäße Auskünfte über die Person, das Verhalten und die Leistung erteilen. Hergeleitet wird das aus dem Recht eines jeden Arbeitgebers, andere Kollegen der Gruppe zu unterstützen. Derartige Auskünfte können auch einer Sammel- und Zentralstelle zur Verfügung gestellt werden, bei der die Informationen abgerufen werden können. Auch der Hinweis auf die Zugehörigkeit zum Beispiel zum Arbeitgeberverband kann ausschlaggebend, sogar verpflichtend sein.

Der Arbeitgeber ist rechtlich verpflichtet, auf Verlangen den Inhalt dieser Information dem Arbeitnehmer bekannt zu geben, beispielsweise den Durchschlag des Schreibens an letzteren zu übersenden. Das gilt auch für streng vertrauliche Auskünfte nach **§ 809 BGB**. Bei unwahren Auskünften kann auf Schadenersatz geklagt werden. Auch die Vorlage der Originalauskunft kann gerichtlich erzwungen werden.

Behörden werden sich im Rahmen der Amtshilfe eine gegenseitige Auskunft geben.

6.5 Schadenersatz wegen unrichtiger oder unvollständiger Auskunft

Auskünfte sollen Zeugnisse ergänzen, werden sich also auf Führung und Leistung beziehen. Die Verweigerung einer Auskunft wird im Allgemeinen als negative Auskunft gewertet. Eine Auskunft muss wahr, nach objektiven Grundsätzen getroffen sein. Wird eine Auskunft trotz rechtlicher Verpflichtung nicht rechtzeitig erteilt, so haftet der Arbeitgeber nach **§ 286 BGB** dem Arbeitnehmer für den entstandenen Schaden. Ähnliches gilt, wenn die Auskunft unwahr ist; dann gilt **§ 824 BGB**. Wenn er, der Arbeitgeber, dem Arbeitnehmer bewusst Schaden zufügen will, gilt **§ 826 BGB**, wenn ein Angestellter falsch handelte, **§ 831 BGB**. Ohne nun auf Details einzugehen – immer ist eine derartige Aussage ein Problem der erforderlichen Sorgfalt, die bei der Auskunft hätte beachtet werden müssen.

Neben der Schadenersatzforderung besteht nach **§ 1004 BGB** ein Recht auf Beseitigung der Beeinträchtigung und bei Wiederholungsgefahr auf Unterlassung. Auch eine Klage auf

Erfüllung ist möglich. Dann wird eine neue, eine richtige Auskunft eingeklagt. Allerdings nützen derartige Maßnahmen in der Regel nichts mehr, da die angestrebte Position besetzt und das Vertrauen gestört ist.

6.6 Bewertung von Krankheiten, einmaligen Vorfällen, Straftaten

Wenn ein einmaliger Vorfall nicht gravierende Folgen hatte und nicht typisch, nicht charakteristisch für den Betroffenen war, so muss der Vorfall nicht in das Zeugnis aufgenommen werden. Das gilt für positive Vorgänge und für negative, auch wenn letztere den Entlassungsgrund bildeten. Allerdings gibt es wieder Ausnahmen. Ehrlichkeit wird heute nicht besonders betont, sie sollte selbstverständlich sein. Bei Verkäuferinnen, Kassierern und Haushaltshilfen ist sie aber so wesentlich, dass sie im Zeugnis erwähnt werden muss. Ist Unehrlichkeit nachgewiesen, so muss sie vermerkt werden. Ein Verdacht allein genügt freilich nicht.

Der Hinweis auf Krankheiten ist nur dann nötig, wenn die Leistung des Arbeitnehmers oder sein Verhalten wesentlich dadurch beeinflusst wurden. Oft ist die Angabe der Krankheit positiv zu werten, denn damit wird der Verdacht ausgeräumt, dass andere – verschwiegene – Gründe für eine Entlassung vorrangig wären. Alkoholismus und Drogensucht zählen zu den Krankheiten. Eine Umschreibung wie „blieb öfter seinem Arbeitsplatz fern" oder „war nicht in der Lage, seine Aufgaben zu erfüllen" deutet auf Trunk- oder Drogensucht hin.

Straftaten wie Untreue, Unterschlagung, Diebstahl und Körperverletzung im Betrieb sind anzugeben, wenn sie im Zusammenhang mit dem Arbeitsverhältnis stehen. Straftaten außerhalb des Dienstes werden nicht angegeben, auch wenn die Kündigung ihren Grund in einer Gefängnisstrafe hat. Schwebende Verfahren werden grundsätzlich nicht erwähnt.

6.7 Tätigkeit als Arbeitnehmervertreter

Wenn ein Arbeitnehmer Betriebsratsmitglied war, darf das nur auf seinen ausdrücklichen Wunsch hin in das Zeugnis aufgenommen werden. Analog wird bei Mitgliedern der Jugendvertretung vorgegangen. Wenn jedoch in Betrieben mit über 300 Beschäftigten ein Betriebsratsvorsitzender von der sonstigen Arbeit freigestellt wird, so ist das mangels anderer Beurteilungsmöglichkeit zu vermerken. Allerdings sieht man davon ab, wenn, ausgehend von der Gesamtzeit im Betrieb, die Spanne der Freistellung nur kurz war. Ist die Erwähnung der Betriebsratstätigkeit unzulässig, kann die Entfernung aus dem Zeugnis verlangt werden.

6.8 Kündigungsgründe und Zeugnisaussage

Der Grund für die Auflösung eines vorangegangenen Arbeitsverhältnisses – von einer eigenen Kündigung des Arbeitnehmers abgesehen – ist immer für den nächsten Arbeitgeber, der dem Bewerber gegenübersteht, eine aussagekräftige und interessante Angelegenheit. „Eine fristlose Kündigung aus wichtigem Grund" kann und wird der Arbeitgeber aussprechen, wenn der Arbeitnehmer seine vertraglichen Pflichten schuldhaft verletzt.

Die Berücksichtigung rechtlicher Situationen

Verfehlungen können sein:
- Annahme von Schmiergeldern,
- Arbeitsverweigerung,
- Beleidigung von Arbeitgeber, Chef, Vorgesetztem,
- Bestechung,
- Diebstahl,
- eigenmächtiger Urlaubsantritt beziehungsweise unbefugte Verlängerung desselben,
- Erpressung, zum Beispiel von Lieferanten,
- mehrfaches unentschuldigtes Fehlen,
- Minderleistung,
- schlechte Leistungen,
- Spesenbetrug,
- sittliche Verfehlungen,
- Strafantritt nach Straftaten,
- Verletzung der Verschwiegenheitspflicht,
- Vollmachtmissbrauch,
- Verstoß gegen das Wettbewerbsverbot,
- Vorstrafen, die verschwiegen wurden.

In einem einfachen Zeugnis wird der Kündigungsgrund nicht angegeben, es sei denn, es besteht die Gefahr, dass Schadenersatzansprüche von neuen Arbeitgebern wegen Wiederholung kommen könnten. Allerdings ist das Mitteilungsgebot auf strafbare Handlungen beschränkt.

Bei diesen Problemen wie auch den anderen angeschnittenen ist zu beachten, dass sich das Arbeitsrecht weiterentwickelt. Jeder Spruch eines Gerichtes kann Nuancen verändern. Zeugnisse werden, weil von Menschen ausgestellt, nie ganz objektiv sein können.

6.9 Der Wortlaut der wichtigsten Berufszeugnisse betreffenden Paragraphen

6.9.1 Anspruch auf ein Zeugnis
§ 630 BGB Bürgerliches Gesetzbuch
Pflicht zur Zeugniserteilung
Bei der Beendigung eines dauernden Dienstverhältnisses kann der Verpflichtete von dem anderen Teil ein schriftliches Zeugnis über das Dienstverhältnis und dessen Dauer fordern. Das Zeugnis ist auf Verlangen auf die Leistungen und die Führung im Dienst zu erstrecken. Die Erteilung des Zeugnisses in elektronischer Form ist ausgeschlossen. Wenn der Verpflichtete ein Arbeitnehmer ist, findet § 109 der Gewerbeordnung Anwendung.

§ 109 GewO Gewerbeordnung
Zeugnis
(1) Der Arbeitnehmer hat bei Beendigung eines Arbeitsverhältnisses Anspruch auf ein schriftliches Zeugnis.
Das Zeugnis muss mindestens Angaben zu Art und Dauer der Tätigkeit (einfaches Zeugnis) enthalten.
Der Arbeitnehmer kann verlangen, dass sich die Angaben darüber hinaus auf Leistung und Verhalten im Arbeitsverhältnis (qualifiziertes Zeugnis) erstrecken
(2) Das Zeugnis muss klar und verständlich formuliert sein.
Es darf keine Merkmale oder Formulierungen enthalten, die den Zweck haben, eine andere als aus der äußeren Form oder aus dem Wortlaut ersichtliche Aussage über den Arbeitnehmer zu treffen.

(3) Die Erteilung des Zeugnisses in elektronischer Form ist ausgeschlossen.

§ 92 BBG Bundesbeamtengesetz
Dienstzeugnis
Dem Beamten wird nach Beendigung des Beamtenverhältnisses auf Antrag von seinem letzten Dienstvorgesetzten ein Dienstzeugnis über Art und Dauer der von ihm bekleideten Ämter erteilt. Das Dienstzeugnis muss auf Verlangen des Beamten auch über die von ihm ausgeübte Tätigkeit und seine Leistungen Auskunft geben.

§ 16 BBiG Berufsbildungsgesetz
Zeugnis
1) Ausbildende haben den Auszubildenden bei Beendigung des Berufsausbildungsverhältnisses ein schriftliches Zeugnis auszustellen. Die elektronische Form ist ausgeschlossen. Haben Ausbildende die Berufsausbildung nicht selbst durchgeführt, so soll auch der Ausbilder oder die Ausbilderin das Zeugnis unterschreiben.
(2) Das Zeugnis muss Angaben enthalten über Art, Dauer und Ziel der Berufsausbildung sowie über die erworbenen beruflichen Fertigkeiten, Kenntnisse und Fähigkeiten der Auszubildenden. Auf Verlangen Auszubildender sind auch Angaben über Verhalten und Leistung aufzunehmen.

§ 26 BBiG Berufsbildungsgesetz
Andere Vertragsverhältnisse
Soweit nicht ein Arbeitsverhältnis vereinbart ist, gelten für Personen, die eingestellt werden, um berufliche Fertigkeiten,

Kenntnisse, Fähigkeiten oder berufliche Erfahrungen zu erwerben, ohne dass es sich um eine Berufsausbildung im Sinne dieses Gesetzes handelt, die §§ 10 bis 23 und 25 mit der Maßgabe, dass die gesetzliche Probezeit abgekürzt, auf die Vertragsniederschrift verzichtet und bei vorzeitiger Lösung des Vertragsverhältnisses nach Ablauf der Probezeit abweichend von § 23 Abs. 1 Satz 1 Schadensersatz nicht verlangt werden kann.

§ 61 BAT Bundesangestelltentarif
Zeugnisse und Arbeitsbescheinigungen

1) Bei Kündigung hat der Angestellte Anspruch auf unverzügliche Ausstellung eines vorläufigen Zeugnisses über Art und Dauer seiner Tätigkeit. Dieses Zeugnis ist bei Beendigung des Arbeitsverhältnisses sofort gegen ein endgültiges Zeugnis umzutauschen, das sich auf Antrag auch auf Führung und Leistung erstrecken muß.

(2) Der Angestellte ist berechtigt, aus triftigen Gründen auch während des Arbeitsverhältnisses ein Zeugnis zu verlangen.

(3) Auf Antrag ist dem Angestellten bei Beendigung des Arbeitsverhältnisses eine Bescheinigung über die Vergütungsgruppe und die zuletzt bezogene Vergütung auszuhändigen.

6.9.2 Beurteilungen während und am Ende einer Beschäftigung – Die wichtigsten Paragraphen im Wortlaut

§ 40 Bundeslaufbahnverordnung
Allgemeines (zur Beurteilung)

(1) Eignung und Leistung der Beamtin oder des Beamten sind mindestens alle fünf Jahre oder wenn es die dienstlichen oder persönlichen Verhältnisse erfordern zu beurteilen. Die

Beurteilung ist der Beamtin oder dem Beamten in ihrem vollen Wortlaut zu eröffnen und mit ihr oder ihm zu besprechen. Die Eröffnung ist aktenkundig zu machen und mit der Beurteilung zu den Personalakten zu nehmen.

(2) Die obersten Dienstbehörden können Ausnahmen von der regelmäßigen Beurteilung und bei Beamtinnen und Beamten, die das 50. Lebensjahr vollendet haben, auch von der nichtregelmäßigen Beurteilung zulassen.

§ 41 Bundeslaufbahnverordnung
Inhalt (zur Beurteilung)

(1) Die Beurteilung soll sich besonders erstrecken auf allgemeine geistige Veranlagung, Charakter, Bildungsstand, Arbeitsleistung, soziales Verhalten und Belastbarkeit.

(2) Die Beurteilung ist mit einem Gesamturteil und mit einem Vorschlag für die weitere dienstliche Verwendung abzuschließen.

(3) Im Einvernehmen mit dem Bundesministerium des Innern können probeweise neue, von Absatz 1 und 2 abweichende Regelungen eingeführt werden.

§ 41a Bundeslaufbahnverordnung
Richtwerte (zur Beurteilung)

(1) Der Anteil der Beamtinnen und Beamten einer Besoldungsgruppe oder einer Funktionsebene, die beurteilt werden, soll bei der höchsten Note 15 vom Hundert und bei der zweithöchsten Note 35 vom Hundert nicht überschreiten.

(2)Ist die Bildung von Richtwerten wegen zu geringer Fallzahlen nicht möglich, sind die Beurteilungen in geeigneter Weise entsprechend zu differenzieren.

§ 94 BetrVG Betriebsverfassungsgesetz
Personalfragebogen, Beurteilungsgrundsätze

(1) Personalfragebogen bedürfen der Zustimmung des Betriebsrats. Kommt eine Einigung über ihren Inhalt nicht zustande, so entscheidet die Einigungsstelle. Der Spruch der Einigungsstelle ersetzt die Einigung zwischen Arbeitgeber und Betriebsrat.

(2) Absatz 1 gilt entsprechend für persönliche Angaben in schriftlichen Arbeitsverträgen, die allgemein für den Betrieb verwendet werden sollen, sowie für die Aufstellung allgemeiner Beurteilungsgrundsätze.

6.9.3 Beschwerden während der Arbeitsdauer und gegen Formulierungen im Zeugnis – Die wichtigsten Paragraphen im Wortlaut

§ 82 BetrVG Betriebsverfassungsgesetz
Anhörungs- und Erörterungsrecht des Arbeitnehmers

1) Der Arbeitnehmer hat das Recht, in betrieblichen Angelegenheiten, die seine Person betreffen, von den nach Maßgabe des organisatorischen Aufbaus des Betriebs hierfür zuständigen Personen gehört zu werden. Er ist berechtigt, zu Maßnahmen des Arbeitgebers, die ihn betreffen, Stellung zu nehmen sowie Vorschläge für die Gestaltung des Arbeitsplatzes und des Arbeitsablaufs zu machen.

(2) Der Arbeitnehmer kann verlangen, dass ihm die Berechnung und Zusammensetzung seines Arbeitsentgelts erläutert und dass mit ihm die Beurteilung seiner Leistungen sowie die Möglichkeiten seiner beruflichen Entwicklung im Betrieb erörtert werden. Er kann ein Mitglied des Betriebsrats hinzuziehen. Das Mitglied des Betriebsrats hat über den Inhalt die-

ser Verhandlungen Stillschweigen zu bewahren, soweit es vom Arbeitnehmer im Einzelfall nicht von dieser Verpflichtung entbunden wird.

§ 83 BetrVG Betriebsverfassungsgesetz
Einsicht in die Personalakten
1) Der Arbeitnehmer hat das Recht, in die über ihn geführten Personalakten Einsicht zu nehmen. Er kann hierzu ein Mitglied des Betriebsrats hinzuziehen. Das Mitglied des Betriebsrats hat über den Inhalt der Personalakte Stillschweigen zu bewahren, soweit es vom Arbeitnehmer im Einzelfall nicht von dieser Verpflichtung entbunden wird.
(2) Erklärungen des Arbeitnehmers zum Inhalt der Personalakte sind dieser auf sein Verlangen beizufügen.

§ 84 BetrVG Betriebsverfassungsgesetz
Beschwerderecht
(1) Jeder Arbeitnehmer hat das Recht, sich bei den zuständigen Stellen des Betriebs zu beschweren, wenn er sich vom Arbeitgeber oder von Arbeitnehmern des Betriebs benachteiligt oder ungerecht behandelt oder in sonstiger Weise beeinträchtigt fühlt. Er kann ein Mitglied des Betriebsrats zur Unterstützung oder Vermittlung hinzuziehen.
(2) Der Arbeitgeber hat den Arbeitnehmer über die Behandlung der Beschwerde zu bescheiden und, soweit er die Beschwerde für berechtigt erachtet, ihr abzuhelfen.
(3) Wegen der Erhebung einer Beschwerde dürfen dem Arbeitnehmer keine Nachteile entstehen.

§ 85 BetrVG Betriebsverfassungsgesetz
Behandlung der Beschwerden durch den Betriebsrat

(1) Der Betriebsrat hat Beschwerden von Arbeitnehmern entgegenzunehmen und, falls er sie für berechtigt erachtet, beim Arbeitgeber auf Abhilfe hinzuwirken.

(2) Bestehen zwischen Betriebsrat und Arbeitgeber Meinungsverschiedenheiten über die Berechtigung der Beschwerde, so kann der Betriebsrat die Einigungsstelle anrufen. Der Spruch der Einigungsstelle ersetzt die Einigung zwischen Arbeitgeber und Betriebsrat. Dies gilt nicht, soweit Gegenstand der Beschwerde ein Rechtsanspruch ist.

(3) Der Arbeitgeber hat den Betriebsrat über die Behandlung der Beschwerde zu unterrichten. § 84 Abs. 2 bleibt unberührt.

§ 611 BGB Bürgerliches Gesetzbuch
Vertragstypische Pflichten beim Dienstvertrag

(1) Durch den Dienstvertrag wird derjenige, welcher Dienste zusagt, zur Leistung der versprochenen Dienste, der andere Teil zur Gewährung der vereinbarten Vergütung verpflichtet.

(2) Gegenstand des Dienstvertrags können Dienste jeder Art sein.

6.9.4 Haftung, Beseitigungsanspruch und Schadenersatz bei falschen Zeugnisaussagen – Die wichtigsten Paragraphen im Wortlaut

§ 242 BGB Bürgerliches Gesetzbuch
Leistung nach Treu und Glauben (bei der Zeugnisausstellung)
Der Schuldner (der Unternehmer) ist verpflichtet, die Leistung (die Zeugnisausstellung) so zu bewirken, wie Treu und Glauben mit Rücksicht auf die Verkehrssitte es erfordern.

§ 826 BGB Bürgerliches Gesetzbuch
Sittenwidrige vorsätzliche Schädigung (zum Beispiel durch ein falsches Zeugnis). Wer in einer die guten Sitten verstoßenden Weise einem andern vorsätzlich Schaden zufügt, ist dem andern zum Ersatze des Schadens verpflichtet.

§ 252 BGB Bürgerliches Gesetzbuch
Entgangener Gewinn (etwa wenn durch ein falsches Zeugnis eine sichere Stelle nicht angetreten werden konnte)
Der zu ersetzende Schaden umfasst auch den entgangenen Gewinn. Als entgangen gilt der Gewinn, welcher nach dem gewöhnlichen Laufe der Dinge oder nach den besonderen Umständen, insbesondere nach den getroffenen Anstalten und Vorkehrungen, mit Wahrscheinlichkeit erwartet werden konnte.

§ 824 BGB Bürgerliches Gesetzbuch
Kreditgefährdung (zum Beispiel durch falsche Aussagen im Zeugnis)
(1) Wer der Wahrheit zuwider eine Tatsache behauptet oder verbreitet, die geeignet ist, den Kredit eines anderen zu gefährden oder sonstige Nachteile für dessen Erwerb oder Fortkommen herbeizuführen, hat dem anderen den daraus zu entstehenden Schaden auch dann zu ersetzen, wenn er die Unwahrheit zwar nicht kennt, aber kennen muss.
(2) Durch die Mitteilung, deren Unwahrheit dem Mitteilenden unbekannt ist, wird dieser nicht zum Schadenersatz verpflichtet, wenn er oder der Empfänger der Mitteilung an ihr ein berechtigtes Interesse hat.

§ 249 BGB Bürgerliches Gesetzbuch
Schadenersatz durch Naturherstellung
(1) Wer zum Schadensersatz verpflichtet ist, hat den Zustand herzustellen, der bestehen würde, wenn der zum Ersatz verpflichtende Umstand nicht eingetreten wäre.
(2) Ist wegen Verletzung einer Person oder wegen Beschädigung einer Sache Schadensersatz zu leisten, so kann der Gläubiger statt der Herstellung den dazu erforderlichen Geldbetrag verlangen. Bei der Beschädigung einer Sache schließt der nach Satz 1 erforderliche Geldbetrag die Umsatzsteuer nur mit ein, wenn und soweit sie tatsächlich angefallen ist.

§ 276 BGB Bürgerliches Gesetzbuch
Haftung für eigenes Verschulden
(1) Der Schuldner hat Vorsatz und Fahrlässigkeit zu vertreten, wenn eine strengere oder mildere Haftung weder bestimmt noch aus dem sonstigen Inhalt des Schuldverhältnisses, insbesondere aus der Übernahme einer Garantie oder eines Beschaffungsrisikos, zu entnehmen ist. Die Vorschriften der §§ 827 und 828 finden entsprechende Anwendung.
(2) Fahrlässig handelt, wer die im Verkehr erforderliche Sorgfalt außer Acht lässt.
(3) Die Haftung wegen Vorsatzes kann dem Schuldner nicht im Voraus erlassen werden.

§ 254 BGB Bürgerliches Gesetzbuch
Mitverschulden
(1) Hat bei der Entstehung des Schadens ein Verschulden des Beschädigten mitgewirkt, so hängt die Verpflichtung zum Ersatz sowie der Umfang des zu leistenden Ersatzes von den Umstän-

den, insbesondere davon ab, inwieweit der Schaden vorwiegend von dem einen oder dem anderen Teil verursacht worden ist.

(2) Dies gilt auch dann, wenn sich das Verschulden des Beschädigten darauf beschränkt, dass er unterlassen hat, den Schuldner auf die Gefahr eines ungewöhnlich hohen Schadens aufmerksam zu machen, die der Schuldner weder kannte noch kennen musste, oder dass er unterlassen hat, den Schaden abzuwenden oder zu mindern. Die Vorschrift des § 278 findet entsprechende Anwendung.

§ 278 BGB Bürgerliches Gesetzbuch
Verschulden des Erfüllungsgehilfen
Der Schuldner hat ein Verschulden seines gesetzlichen Vertreters und der Personen, deren er sich zur Erfüllung seiner Verbindlichkeit bedient, in gleichem Umfang zu vertreten wie eigenes Verschulden. Die Vorschrift des § 276 Abs. 3 findet keine Anwendung.

§ 831 BGB Bürgerliches Gesetzbuch
Haftung bei Verrichtungsgehilfen
(1) Wer einen anderen zu einer Verrichtung bestellt, ist zum Ersatz des Schadens verpflichtet, den der andere in Ausführung der Verrichtung einem Dritten widerrechtlich zufügt. Die Ersatzpflicht tritt nicht ein, wenn der Geschäftsherr bei der Auswahl der bestellten Person und, sofern er Vorrichtungen oder Gerätschaften zu beschaffen oder die Ausführung der Verrichtung zu leiten hat, bei der Beschaffung oder der Leitung die im Verkehr erforderliche Sorgfalt beobachtet oder wenn der Schaden auch bei Anwendung dieser Sorgfalt entstanden sein würde.

(2) Die gleiche Verantwortlichkeit trifft denjenigen, welcher für den Geschäftsherrn die Besorgung eines der im Absatz 1 Satz 2 bezeichneten Geschäfte durch Vertrag übernimmt.

§1004 BGB Bürgerliches Gesetzbuch
Beseitigungs- und Unterlassungsanspruch

(1) Wird das Eigentum in anderer Weise als durch Entziehung oder Vorenthaltung des Besitzes beeinträchtigt, so kann der Eigentümer von dem Störer die Beseitigung der Beeinträchtigung verlangen. Sind weitere Beeinträchtigungen zu besorgen, so kann der Eigentümer auf Unterlassung klagen.
(2) Der Anspruch ist ausgeschlossen, wenn der Eigentümer zur Duldung verpflichtet ist.

Checkliste (E): Die wesentlichen Negativformulierungen und ihre mögliche Bedeutung

Negativformulierungen können bewusst gewählt, sie mögen aus Bosheit, Verärgerung oder Zorn entstanden sein. Oft beruhen sie aber auch nur auf Ungeschicklichkeit, auf Mangel an Übung in der Formulierung. Oder aber sie stellen wahre Tatbestände dar; dann wird man sie akzeptieren müssen. In allen anderen Fällen sollte man sie – rechtzeitig – erkennen und um Änderung bitten.

Pos.	Fragen, Beurteilungen, Fakten	erfüllt	nicht erfüllt
1	Steht ein senkrechter Strich (ein „Ausrutscher") links neben der Unterschrift? Er könnte als Hinweis auf eine Mitgliedschaft in der Gewerkschaft gedeutet werden.		

Die Berücksichtigung rechtlicher Situationen

Pos.	Fragen, Beurteilungen, Fakten	erfüllt	nicht erfüllt
2	Stehen Doppelhäkchen („Doppelausrutscher") links neben der Unterschrift? Man könnte Sie für ein Mitglied einer linken, verfassungsfeindlichen Organisation halten!		
3	Nennt man Sie einen „toleranten" Mitarbeiter? Es wäre möglich, dass jemand meint, Sie wären für die Vorgesetzten ein „schwerer Brocken"!		
4	Bestätigt man Ihnen „ordnungsgemäße Erledigung"? Man hält Sie also für einen Bürokraten ohne Initiative!		
5	Steht „er begann mit großem Eifer und erreichte schließlich sein Ziel" im Zeugnis? Der Zeugnisschreiber hält Sie also für langsam und ziemlich begriffsstutzig.		
6	Erledigten Sie Arbeiten nur „zu unserer Zufriedenheit"? Man glaubt, Ihr Arbeitseinsatz reicht so gerade noch!		
7	Steht irgendwo im Zeugnis „im Großen und Ganzen"? Das bedeutet „mangelhaft".		
8	Schrieb man „er ist bemüht", so meinte man „ungenügend"!		
9	Formulierte man „mit großem Fleiß und Interesse"? Es könnte bedeuten, dass man Sie zwar für eifrig, aber nicht für besonders tüchtig hält!		
10	Schrieb man „er wusste sich gut zu verkaufen" so hält man Sie womöglich für einen Wichtigtuer!		
11	Bestätigte man „er hat den Erwartungen entsprochen", so hat das den Beigeschmack, dass man sehr wenig erwartete!		

▶

Pos.	Fragen, Beurteilungen, Fakten	erfüllt	nicht erfüllt
12	Steht im Zeugnis „er hatte immer Interesse", so meint man vielleicht, Sie hatten zwar Interesse, aber keine Ergebnisse zu bieten!		
13	„Verbesserten Sie das Betriebsklima", so kann man Sie für einen Schwätzer oder Trinker halten.		
14	„Hatten Sie Verständnis für die Arbeit", so haben Sie wohl nur das Allernotwendigste geleistet.		
15	Wenn „Einfühlungsvermögen für die Belange der Belegschaft" bestätigt wird, so haben Sie sich unter Umständen zu sehr um die Damen des Hauses gekümmert.		

Jede der Formulierungen, die „erfüllt" ist, kann Schwierigkeiten bringen. Aus welchen Gründen sie gewählt wurde, ist sekundär. Sie muss nicht, aber sie kann schaden. Das genügt, um eine *Änderung* zu erbitten. Ob man immer einen Rechtsanspruch hat, wird umstritten sein. Ein verständnisvoller Vorgesetzter wird aber – in seinem und im Interesse der Firma sowie in dem Ihren – sich nicht gegen einen berechtigten Änderungswunsch sträuben.

Checkliste (F): Welche Rechte hat der Arbeitnehmer bei der Ausstellung eines Arbeitszeugnisses?

Wer lange Zeit in einem Unternehmen gut gearbeitet hat und sich nun verändert, hält es für eine Selbstverständlichkeit, ein angemessenes Zeugnis zu bekommen. Anscheinend funktioniert das aber nicht immer so, denn sonst hätte der Gesetzgeber nicht weite Bereiche der Zeugnisausstellung regeln müssen! Einige der wesentlichen sollen hier angesprochen werden:

Pos.	Fragen, Beurteilungen, Fakten	erfüllt	nicht erfüllt
1	Ist das einklagbare Recht auf ein Arbeitszeugnis nach §630 BGB bekannt?		
2	Sind die einzelnen Rechte aus §109 GewO, §92 Bundesbeamtengesetz und bei freien Mitarbeitern §611 BGB zutreffend?		
3	Hat bei Lehrlingen nach §16 BBiG nicht nur der Ausbildende, sondern auch der Ausbilder unterschrieben?		
4	Sind die einzelnen Bestimmungen des Betriebsverfassungsgesetzes, vor allem §94 BetrVG (Personalbogen und Beurteilungsgrundsätze) erfüllt?		
5	Ist die Bestimmung (3) aus §113 GewO erfüllt, nach der Zeugnisse nicht mit Merkmalen versehen werden dürfen, die nicht ohne weiteres erkennbar sind?		
6	Wissen Sie, was Zeugnis-Formblätter enthalten dürfen?		
7	Kennen Sie die Bestimmungen (§611 BGB), nach denen Zeugnisse mit Fehlern neu geschrieben werden müssen?		
8	Ist dem Zeugnisschreiber bekannt, dass er bei groben Fehlern schadenersatzpflichtig gemacht werden kann?		
9	Wissen Sie, dass sich auch bei zu später Ausstellung des Zeugnisses eine Schadenersatzpflicht entwickelt?		

Pos.	Fragen, Beurteilungen, Fakten	erfüllt	nicht erfüllt
10	Wissen Sie, dass Arbeitsämter Regressforderungen stellen, wenn sich Arbeitslose wegen fehlender Zeugnisse nicht vermitteln lassen?		
11	Ist bekannt, wie weit die „Wahrheitspflicht" des Arbeitgebers geht?		
12	Ist Ihnen bewusst, in welchen Fällen der Arbeitgeber Verfehlungen im Zeugnis anmerken muss, um nicht selbst schadenersatzpflichtig zu werden?		
13	Kennen Sie die Bestimmungen, nach denen Arbeitgeber Auskünfte über ausgeschiedene Arbeitnehmer geben dürfen?		
14	In welchen Fällen muss der Arbeitgeber wegen falscher Auskünfte Schadenersatz zahlen? – Kennen Sie Details?		
15	Wissen Sie im Einzelnen, wie in Zeugnissen Krankheiten, Straftaten, einmalige Vorfälle, Tätigkeiten als Arbeitnehmervertreter zu bewerten sind?		
16	Kennen Sie die Vorschriften, wann und wie Kündigungsgründe in Zeugnissen beschrieben werden?		

Der Arbeitnehmer ist keineswegs rechtlos. Hier wurde nur eine Frageliste aufgestellt, um die „Lücken" in unserem Wissen um Arbeitszeugnisse nachzuweisen. Allerdings – das gilt auch für das gesamte Buch – kann eine derartige Liste nur anregen. Im Einzelfall wird man bei Schwierigkeiten den erfahrenen Fachanwalt aufsuchen müssen. Das empfiehlt sich nicht nur dann, wenn man in der Checkliste „nicht erfüllt" ankreuzen musste.

Checkliste (G): Was muss ein Arbeitgeber bei der Ausstellung eines Arbeitszeugnisses beachten?

Sicher so viel, dass hier in einer Checkliste nicht alles erfasst werden kann, zumindest nicht in aller Ausführlichkeit. Trotzdem sollen die wesentlichsten Punkte herausgestellt werden:

Pos.	Fragen, Beurteilungen, Fakten	erfüllt	nicht erfüllt
1	Sind Ihnen die Rechte der Arbeitnehmer auf ein rechtzeitig erstelltes Arbeitszeugnis bekannt?		
2	Kennen Sie die Grenzen zwischen Wahrheits- und Fürsorgepflicht bei Zeugnisaussagen?		
3	Wissen Sie, wann und wie hoch Schadenersatzforderungen bei verspäteten und falschen Zeugnissen sind?		
4	Sind Zeugnisse aus dem eigenen Hause immer gerecht, und halten sie der Nachprüfung stand?		
5	Besteht im Betrieb ein systematisches Beurteilungssystem, mit dem alle 2 oder 5 Jahre die Mitarbeiter beurteilt werden?		
6	Hat man in Ihrem Hause Stellenbeschreibungen, bei denen die Tätigkeiten der Mitarbeiter, ihre Befugnisse und Unterstellungen, zusammengefasst sind?		
7	Erarbeiten Sie sich oder übernahmen Sie eine Stufung in den Beurteilungen, die stichhaltig ist?		
8	Kennen Sie die Möglichkeit der Bestrafung, wenn bei Zeugnissen Anmerkungen verwendet werden, die man normalerweise nicht oder falsch deutet und die dem ehemaligen Arbeitnehmer schaden?		

▶

Pos.	Fragen, Beurteilungen, Fakten	erfüllt	nicht erfüllt
9	Werden Leistungen und Verhalten der Arbeitnehmer wahrheitsgemäß, aber auch vollständig und umfassend beurteilt?		
10	Nehmen Sie zu besonderen Leistungen Stellung und würdigen Sie diese entsprechend?		
11	Würdigen Sie den Werdegang im Betrieb, und zeigen Sie auf, dass besondere Eigenschaften des Ausscheidenden geschätzt wurden?		
12	Klingt der Dank und wirken die guten Wünsche zum Schluss ehrlich, und bleibt man sich weiter in Freundschaft verbunden?		
13	Wären Sie mit den von Ihnen ausgestellten Zeugnissen, hätten Sie die Leistungen selbst vollbracht, zufrieden?		
14	Bringen Ihre Zeugnisse Ihrem Hause einen Gewinn an Image? Können Sie darauf, und auch, dass so ein Mitarbeiter aus Ihrem Hause kommt, stolz sein?		

An alle Unternehmer und Führungskräfte, die Zeugnisse ausstellen – auf ein Wort:

Es gilt heute – gerade in einer Zeit mit größerer Arbeitslosigkeit – oft der harte Personalchef mehr als der verbindliche, der menschlicher Gefühle noch fähig ist. Die Analyse der Betriebe zeigt jedoch immer wieder, dass übermäßige Härte im Personalwesen durch zu starke Fluktuation und innere Emigration ein Kostentreiber ersten Ranges ist. Wer strengt sich schon an, wer tut denn mehr als er muss, wenn „es sich nicht lohnt"?

Die Berücksichtigung rechtlicher Situationen

Zu große Härte beinhaltet die Unfähigkeit, Menschen erfolgreich zu führen. Ein Zeugnis ist ein Führungsmittel, wie es Beurteilungen immer sind. Erstaunlich, wie wenig es genutzt wird. Ein stilistisch einwandfreies, gut formuliertes Zeugnis zu schreiben – mit und ohne Baukasten – kostet nicht mehr Zeit als ein zorniges, schlechtes zu entwerfen. Denken Sie daran, dass auch Sie nach dem von Ihnen geschriebenen Zeugnis beurteilt werden.

7 Wie man Arbeitszeugnisse liest – wie man Arbeitszeugnisse schreibt

Die Grundlagen sind vorhanden: Gesetze reglementieren Einzelheiten; man kennt die Bewertungsabstufungen und Umschreibungen negativer Ergebnisse mit klingenden Worten. Wie schreibt man nun Zeugnisse, und wie liest man sie? Man sollte sich die Zeit nehmen, über Berufszeugnisse nachzudenken.

7.1 Worte auf die Goldwaage legen?

Vielleicht hat es eine objektive Beurteilung bei Berufszeugnissen noch nie gegeben. Wer an die Möglichkeit „wahrer" Zeugnisse glaubt, der überschätzt sich selbst und seine Fähigkeit zur Objektivität. Soll nun ein kleines Detail ein Zeugnis verderben? Oder kann man es im Rahmen der Leistung, der Gesamtpersönlichkeit vernachlässigen? Immer werden bei derartigen Entscheidungen Sympathie und Antipathie mitspielen – das ist auch gut so. Wir sollen keine Beurteilungsautomaten werden. Man ist beim Zeugnisschreiben nur dem eigenen Gewissen, der Wahrheit und dem Wohlwollen für einen ausscheidenden Mitarbeiter verpflichtet. Gesetze müssen sein; hier hat aber die Ansicht des das Zeugnis schreibenden Chefs oder leitenden Angestellten Vorrang.

Wie werden seine Aussagen wirken? Auf neue Arbeitgeber, bei Bewerbungen? Man sollte die „Chance des ersten Tages", ja des ersten Augenblicks, nicht unterschätzen, in dem man mit einem Menschen konfrontiert wird. Der erste Eindruck kann Karrieren erst möglich machen, sie fördern und sie vernichten. Zwar wird er durch Nebensächlichkeiten verursacht – Sprechverhalten, Gestik und Kleidung gehören dazu – doch ist es sehr schwer, eine einmal gefasste Meinung eines „Beurteilers" zu ändern.

Auch Zeugnisse schaffen einen „ersten Eindruck". Freilich kann man lernen, gute, wirksame Zeugnisse zu schreiben – wie man lernen kann, sich „effektiv" vorzustellen. Wenn der Zeugnisschreiber sich das aber nie aneignete? Es nicht kann? Keine Begabung und keine Übung hat? Dann ist der Bewerber benachteiligt, auch wenn das Zeugnis noch so gut gemeint war. Fazit: Man sollte Worte, Sätze, Abschnitte, Aussagen in Arbeitszeugnissen nicht immer auf die Goldwaage legen!

7.2 Wer kennt schon alle verdeckten Aussagen!

Wir sind hier wieder bei der Objektivität. Was ist schon alles in Formulierungen hineingeheimnisst worden! Dabei sind wir doch alle lernfähig, oder nicht? Was passiert, wenn das Urteil der ersten Stunde ein Fehlurteil ist?

Wie weit verbreitet Fehlurteile in entscheidenden menschlichen Fragen sind, zeigt ein Blick in die Scheidungsstatistik. Eine Heirat ist doch gewiss für jeden von uns eine einschneidende Sache. Und doch erklärt sich heute jeder Dritte für gescheitert, von der Dunkelziffer, die der stillen gescheiterten Ehen, ganz zu schweigen. War das Urteil richtig oder ein Fehlurteil, oder hat einer der Partner, haben beide eine Entwicklung genommen, die nicht vorausschaubar war?

Gilt die Parallele zu Zeugnissen? Man kann als Vorgesetzter einen Menschen aufbauen, oder man kann ihn zerstören. Wenn eine Meinung, ein Vorurteil gefasst wurde, dann schlägt das bis in das Zeugnis durch. Es ist wie ein Richterspruch, dem man nicht mehr entrinnen kann. Wenn ein Mensch Arbeiten bekommt, die er bewältigen kann, so wird man den Schwierigkeitsgrad nach und nach erhöhen können, ohne dass er das merkt. Auf einmal ist er ein Spitzenmann! (In drei Jahren lernt der „dümmste Azubi" aus und kann was; er muss nur den richtigen Ausbilder bekommen!)

Als Vorgesetzter mag man sich immer wieder beweisen, dass man recht gehabt hat! Und dann das auch noch mit zynischen Sprüchen im Zeugnis festhalten, wenn man es geschafft hat, dass der Betroffene entlassen wird oder selbst flüchtet und an verlorene Jahre denkt. Warum gibt es Gesetze, Arbeitsgerichte, die sich mit dem Zeugnisproblem herumschlagen müssen? Doch nur, weil Menschen versagen, unsere Welt keine ideale ist, Neid und Missgunst oder ganz einfach Geltungssucht dazu führen, nicht menschlich verständig, sondern hart und oft ungerecht zu urteilen.

7.3 Die Grenzen des „Zwischen-den-Zeilen-Lesens"

Wir sollten nur das glauben, was wir objektiv überprüfen können. Gewiss glaubt man, zwischen den Zeilen einiges lesen zu können. Anerkennung, Verärgerung, Warnungen. Warum haben wir Bausteine für Zeugnisse entwickelt, die nur noch geringfügig ergänzt werden müssen? Lassen wir einmal diese Ergänzungen weg und „formulieren" beziehungsweise wählen einfach Bausteine aus, „bauen" Zeugnisse? Sie werden sehen, was begabte Interpretierer alles aus diesen Zeugnissen lesen können, was sie zwischen den Zeilen zu erkennen glauben.

Angenommen, in der Reihe der Zeugnisse des Bewerbers sind alle gut, eines aber „verdächtig", weil negative Formulierungen gewählt wurden. Fangen Sie nicht an, nun in allen anderen Zeugnissen nach Zeichen zu suchen, die dieses negative Urteil bestätigen? Einmal Versager – immer Versager?

So wie man einen Menschen niemals „einordnen", ihn nicht in ein Schema pressen sollte, so sollte man auch das Einfrieren von Urteilen vermeiden. Nur wenig selbstkritische Vorgesetzte erkennen eine Änderung eines Verhaltens, eine Steigerung der Leistung nicht an. Sie wollen mit ihrem Urteil, ihrem Vorurteil, recht behalten bis zur letzten Stunde. Seien Sie sehr selbstkritisch beim Lesen zwischen den Zeilen! Lassen Sie sich aber doch dort und da von Ihrem Instinkt leiten; denn oft trügt er weniger als alles Wissen und alles, was wir mühsam lernten.

7.4 Erhaltene Zeugnisse rechtzeitig überprüfen!

Hier soll jetzt nicht über Rechtsfragen gesprochen und gerichtet werden. Auch andere Wege sind gangbar.

Wenn sich beispielsweise zeigt, dass im Zeugnis „eingefrorene" Meinungen wieder auftauchen, dann laufe man nicht gleich zum „Kadi". Oft ist ein freundschaftliches Zweiergespräch viel wirksamer, vielleicht auch unter Einschaltung eines Dritten, der in unserem Sinne dazu beiträgt, dass kein Fehlurteil entsteht.

So ein Problem muss man – im eigenen Interesse – ausdiskutieren. Es kommt oft vor, dass Menschen von sich selbst ein anderes Bild haben als ihre Umwelt. Um beruflich voranzukommen, muss aber die Meinung, die man von sich selbst hat, besonders von der Persönlichkeit, übereinstimmen mit der, die andere über einen haben. Ist das nicht der Fall, kommt es zu einer ständigen Über- und Unterforderung, die auf die Dauer den Menschen zermürbt. Zwar ist es sehr schmerzhaft, von falschen Vorstellungen Abschied nehmen zu müssen. Auf lange Sicht aber kann das die Basis für einen besseren Lebenserfolg schaffen, unser berufliches und persönliches Leben stabilisieren. So sieht eben das aus, was man „Erfahrungen sammeln" nennt.

Grundsätzlich: Eine schlechte Beurteilung sollte man nie hinnehmen, bevor sie klar bewiesen ist. Es bleibt keine Wahl: Man muss sich mit ihr auseinander setzen, mit Freunden darüber sprechen, klären, wer nun Recht hat und wer nicht. Sehr oft wird die Wirklichkeit irgendwo zwischen der Meinung der anderen, der Vorgesetzten und der eigenen liegen. Weil der Mensch bis ins hohe Alter lernfähig bleibt, wird er einen einmal begangenen Fehler nicht ein zweites Mal leichtsinnigerweise riskieren.

Oft wird das Urteil offen bleiben. Wir müssen lernen, auch in „schwebenden" Situationen zu leben. In diesem Fall sind dann die Umwelt und das eigene Verhalten sorgsam zu beobachten. Also prüfen Sie Ihr Zeugnis! Und wenn etwas darin steht, was Ihr Rechtsgefühl kränkt, dann nehmen Sie den Mut zusammen, gehen Sie zum Zeugnisaussteller und stellen Sie die Situation klar! Eine Nacht darüber zu schlafen schadet nie. Bessere Argumente sind immer nützlich; sie kommen meist erst nach längerem Überlegen und vernünftigen Gesprächen. Und wahren Sie bitte bei der Auseinandersetzung die Form, die zivilisierte Menschen einhalten sollten. Mit Krach und „Rabatz" erreicht man nur selten sein Ziel.

7.5 Das eigene Zeugnis selbst entwerfen?

Sicher, viele Chefs stellen bewährten Mitarbeitern frei, sich ihr Zeugnis selbst zu schreiben. Verständlich, denn dabei gehen sie den Weg des geringsten Widerstandes und brauchen keine Auseinandersetzungen zu fürchten. Ganz problemlos ist dieser Weg aber nicht. Die dabei auftretenden Fragen waren wesentliche Gründe, warum dieses Buch geschrieben wurde.
Je tüchtiger und erfolgreicher ein Mensch ist, umso klarer wird er sich – normalerweise – seiner Unzulänglichkeit bewusst. Eine Reihe unserer besten Literaten und Forscher, Wissenschaftler und Manager wählten den Weg des Selbstmordes, weil sie mit ihren eigenen Ansprüchen nicht zurechtkamen. Alle Bewunderung und Hochachtung reichten nicht aus, sie von nagenden Komplexen, den daraus entstehenden Depressionen zu befreien.
Es ist eine gesicherte Erfahrung, dass selbst geschriebene Zeugnisse guter Mitarbeiter weit schlechter ausfallen, als wenn ein Vorgesetzter sie geschrieben hätte. Oft baut sich der Mitarbeiter aus lauter Bescheidenheit und Hemmungen eine massive Karrierebremse auf. Jeder Chef hat eine Fürsorgepflicht. Je tüchtiger ein Mitarbeiter ist, umso mehr. Warum also nicht hier einen Mittelweg gehen? Sagen Sie doch als Vorgesetzter Ihrem Mitarbeiter: „Schreiben Sie sich gern Ihr

Zeugnis selbst. Wenn es nicht gut genug ist, werde ich mir vorbehalten, nachzubessern!"
Das wird dann in einem persönlichen Gespräch durchgeführt. Es gibt keinen harmonischeren Abschied, als wenn ein Chef oder Vorgesetzter einem Mitarbeiter erklärt, wie und wo er besser war, als er sich selbst einschätzte. Es ist ein hervorragendes Abschiedsgeschenk ... Und doch ein Zeichen verfehlter, falscher Personalpolitik! Wenn der Vorgesetzte vor einem Jahr so gehandelt hätte, wäre der Wechsel und der Verlust eines guten Mitarbeiters oder einer Mitarbeiterin nicht nötig gewesen. Wir haben zu viel Angst, zu loben. Wir fürchten zu sehr, der andere könnte dann Forderungen stellen, die wir nicht erfüllen können oder wollen.

7.6 Persönlichkeitsbeurteilungen sind oft falsch

Haben Sie manchmal Depressionen und verzweifeln Sie an sich selbst? Das ist durchaus normal – diese Lebensangst und die daraus sich entwickelnde Todessehnsucht darf uns nur nicht überwältigen. Sprechen wir es ruhig aus, das Tabu. Denn jeder von uns leidet dann und wann daran, mag er jung oder alt sein. Man muss nur etwas dagegen tun.
Eine der vielen Möglichkeiten ist das Lesen von Biografien, das Lesen der Lebensgeschichten erfolgreicher bekannter Frauen und Männer. Derartige Lebensläufe lesen sich oft – in geraffter Form – wie eine einzige Kette von Katastrophen. Nur ist diesen Menschen eines eigen: Sie sind aus Zeiten tiefster Niedergeschlagenheit wieder aufgestanden und haben ihren Weg konsequent weiterverfolgt, oft unter den größten Schwierigkeiten.

Was haben diese Überlegungen in einem Buch über Berufszeugnisse zu suchen? Eine falsche Beurteilung in einem Berufszeugnis führt für den Betreffenden zu einer „kleinen" Katastrophe, zwingt ihn unter Umständen, als Alternative die Selbständigkeit zu wählen – eine Tätigkeit, die völlig andere Lebensweisen, Fähigkeiten verlangt.

Sie sollten sich nicht darauf verlassen, dass eine vielleicht etwas negative Beurteilung Ihrer Persönlichkeit in einem Zeugnis ganz falsch, eine Fehlbeurteilung ist. Ein Körnchen Wahrheit kann schon drinstecken. Deshalb sollten Sie sich gegebenenfalls in einer stillen Stunde hinsetzen und aufschreiben, wo denn Ihre Stärken und Ihre Schwächen liegen!

Mit Ihren Freunden darüber sprechen, überlegen. In einem Unternehmen weiß man, dass die „permanente Rationalisierung", die laufende Verbesserung eines Systems durch Verfeinerung, irgendwann einmal mehr kostet, als sie bringt. Dann wählt man rechtzeitig den neuen Weg, die „Verfahrensänderung", bei der man mit der Rationalisierung wieder von vorn, wirkungsvoll und renditeträchtig, beginnen kann.

Persönlichkeitsbeurteilungen sind sicher oft falsch, doch wer kennt die Entwicklungsstufe, für die sie gelten?

7.7 Die Wirkung neuer Lebens- und Arbeitskreise

Das Leben des Menschen verläuft in Stufen. In Stufen, bei denen eigentlich jeweils andere Tätigkeiten den Vorrang haben sollten. Mit rund 25 Jahren haben wir die höchste körperliche Leistungsfähigkeit, mit 45 bis 50 Jahren die höchste geistige. Nun werden viele Personen dieses Alters schreien, das wäre nicht wahr ... Leistung entsteht aus Qualität und Menge. Gewiss kann man bis ins hohe Alter höchste Qualität der Arbeit leisten. Aber die Menge? Jeder soll sich selbst sein Urteil bilden.

In alten Handwerkszeiten arbeitete der 25-jährige als Geselle, wurde Meister, der zuerst mitarbeitete, „etwas ersann" und sich dann mit zunehmendem Alter mehr dem Verkaufen und der Organisation, oft auch der Politik im kleineren Lebenskreis widmete. Früher gehörte zu einer jeden Lebensstufe eine andere Arbeitsstufe, Qualität der Tätigkeit, der Arbeit, des Lebens. Wer auf einer Stufe stehen blieb, der scheiterte.

Ist es in unserer schnelllebigen Zeit nicht möglich, auch da eine unserer Altersstufe entsprechende Tätigkeit auszuführen? Man spricht heute so viel über das Aussteigen. Warum nicht immer rechtzeitig „umsteigen", um die für die Lebens-, die Erlebnis-, und die Erfahrungsstufe ideale Tätigkeit auszuüben?

Gewiss kann man das auch heute. Es ist aber immer mit Opfern verbunden, die man freiwillig einige Jahre vorher auf sich nehmen muss, bevor das Erreichen einer Altersstufe zu dem Schritt zwingt. In einer jeden Tätigkeitsstufe wird man ein Maximum an Leistung – und natürlich Einkommen – nach einigen Aufstiegsjahren erreichen. Aber, glauben Sie mir, in einer derartigen Stufe des Höhepunktes bleibt man nur einige Jahre. Um dann wieder in eine andere Ebene umzusteigen, dazu braucht es Planung, Disposition, ein klares Ziel. Um dies zu erreichen, sind Unterlagen nötig, Berufszeugnisse, die die Qualifikation für die nächste Lebensstufe beinhalten. Man sollte mehr über Laufbahnplanung nachdenken!

7.8 Wie weit Zeugnisse vernichten oder fördern können

Zeugnisse aller Art bestimmen unser Leben und sehr weitgehend auch das der Familie, der Kinder. Die Funktionen sind vielseitig. Die Duldung eines einzigen ungerechten Zeugnisses kann die Laufbahn zerstören. Jedes Jahr ereignen sich – allein auf unser Volk gerechnet – mehrere Millionen persönlicher Katastrophen, die mit Zeugnissen zu tun haben.

Eine einzige Beurteilung im Zeugnis kann Träume platzen lassen wie Seifenblasen, Berufswünsche dem Untergang weihen, Lebensziele vernichten. Ich möchte einmal wissen, wie viel Leistungspotenzial, wie viele Personen mit Innovationsfähigkeit, wie viele, die unsere Zukunft verbessern könnten, „aussortiert" werden, nur weil ein Bildungssystem dem Durchschnitt den Vorzug gibt, dem Auswendiglernen und nicht der Kreativität. Nicht nur Schulzeugnisse, auch Praxiszeugnisse haben derartige Eigenheiten.

Nur haben Berufszeugnisse einen Aspekt, den Schulzeugnisse nicht oder nur im geringeren Umfang haben: sie lassen sich leichter beeinflussen. Man kann problemloser Ziele planen und erreichen. Auch Stufen sind eher zu nehmen. Andere Begabungsschwerpunkte kommen zum Tragen: Nicht mehr das Herunterrasseln auswendig gelernten Wissens in kürzesten Zeiträumen wird bewertet, sondern das Wissen und Können, das in oft langwieriger, komplizierter Arbeit entwickelt wird. Teamfähigkeit löst den Einzelkämpfer ab. Unser Leben wird gesteuert von rechtzeitigen, passenden Informationen. Wer einen Zusammenhang durchblickt, der wird ein Ziel leichter erreichen als der, der im Dunkeln tappt. Wir leben

zwischen Soll und Ist. Je geringer die Differenz, desto höher unsere Lebensqualität. Ein Arbeitszeugnis ist immer ein Hilfsmittel, die nächste Stufe zu erklimmen, mehr zu erreichen. Wir müssen wissen, wie es aussehen soll, um unserem Lebensweg am meisten zu nützen. Dazu muss man bis in das letzte Detail Formulierungen und Feinheiten kennen. Nur dann lässt es sich so steuern, dass das Ist dem Soll entspricht.
Berufszeugnisse kann man – im Gegensatz zu Schulzeugnissen – beeinflussen, sie absprechen, ansteuern, falsche Formulierungen bekämpfen und Änderungen erzwingen. Sie sind Karrierebestandteile, die nicht leichtfertig behandelt werden dürfen. Wenn zu einem jeden Zeitpunkt diese Eigenheiten beachtet werden, dann wird man Berufszeugnisse erhalten, die fördern und Berufsziele erreichen helfen.

8 Kleines Lexikon der Fachbegriffe aus dem Zeugniswesen

Gesetze und Verordnungen, aber auch die Umgangssprache in einem speziellen Bereich schaffen neue Begriffe und ändern den Inhalt der alten ab. Hier wird versucht, die wesentlichen Begriffe einfach, verständlich, kurz und prägnant zu erklären.

Abschlusssatz, Abschlussfloskel: Schlusssatz im Zeugnis, mit Wünschen, oft kombiniert mit offenen oder versteckten Beurteilungen.

Anforderungsprofil: Zusammenstellung – oft grafisch verdeutlicht – der Eigenschaften, die ein Bewerber zur Ausfüllung einer Position braucht. Auch aus der Stellenbeschreibung ersichtlich.

Arbeitnehmerähnliche Person: Person in Abhängigkeit von einem Arbeitgeber, zum Beispiel mit Dienst- oder Werkvertrag; kann nach § Abs. 1 Satz 2 ArbGG ein Zeugnis verlangen.

Arbeitsbescheinigung: Meist mit Vordruck erteilte Bestätigung (nach § 133 AFG amtlicher Vordruck) mit Beginn, Art und Dauer, dem Enddatum der Tätigkeit sowie dem Grund des Ausscheidens. Nötig zum Beispiel zur Vorlage bei Arbeitslosigkeit.

Arbeitsverhältnis: Vertragsverhältnis zwischen Arbeitnehmer und Arbeitgeber, im Zeugnis mit Beginn und Ende vermerkt.

Arbeitsvertragsbruch: Beendigung eines Arbeitsverhältnisses ohne Einhaltung der vereinbarten Kündigungsfristen. Kann Schadenersatzforderungen verursachen.

Arbeitszeugnis, einfaches: Zeugnis mit Datum, Name, Geburtstag und Geburtsort, Beschäftigungsdauer, Tätigkeit, Schlussfloskel, Unterschrift und Stempel – ohne Beurteilung von Leistung und Verhalten.

Arbeitszeugnis, qualifiziertes: Aufgebaut wie das einfache Arbeitszeugnis, doch mit Bewertung der Leistungen und des Verhaltens.

Arbeitszeugnis, standardisiertes: Arbeitszeugnis in tabellarischer Form.

Arglist: Arglistige Täuschung, zum Beispiel bei Verwendung von Zeichen oder Redewendungen, die nicht auffallen oder sogar positiv klingen, aber negative Aussagen haben.

Aufhebungsvertrag: Vereinbarung zwischen Arbeitgeber und Arbeitnehmer zur Lösung des Arbeitsvertrages, im Zeugnis meist als „gegenseitige Einvernahme" bezeichnet.

Ausbilder: In Zeugnissen muss der Ausbilder mit unterschrieben haben, wenn der Ausbildende (die Firma, der Inhaber eines Einzelunternehmens) nicht gleichzeitig Ausbilder ist.

Ausbildungszeugnis: Einfaches oder qualifiziertes Zeugnis nach Abschluss einer Berufsausbildung.

Ausgleichsquittung: Ausgleichsklauseln wie „damit sind alle Ansprüche aus dem Arbeitsverhältnis ausgeglichen" schließen den Anspruch auf Erteilung eines qualifizierten Zeugnisses nicht aus.

Aushilfsarbeitsverhältnis: Befristetes Arbeitsverhältnis von oft kurzer Dauer. Wenn diese nicht besonders kurz ist, besteht ein Zeugnisanspruch nach § 630 BGB.

Auskunftspflicht: Telefonische oder schriftliche Auskünfte des Arbeitgebers nach § 630 BGB über alle Punkte, die ein Zeugnis enthalten kann.

„Bausteine" für Zeugnisse: Vorformulierte Teile von Zeugnissen, die mit der Textverarbeitung ergänzt, verändert oder direkt zum Aufbau eines Berufszeugnisses übernommen werden können.

Beendigungsgrund: Wird im einfachen Zeugnis nicht vermerkt; beim qualifizierten Zeugnis keine klare Regelung. Jedoch darf aus dem Zeugnis nicht ohne sachlichen Grund erkennbar sein, dass die Partner sich im Streit trennten.

Begriffe, doppeldeutige: Sollten in Zeugnissen nicht verwendet werden. Sowohl bewusst als auch unbewusst, zum Beispiel aus Unkenntnis, werden sie bisweilen eingefügt.

Beurteilungsbogen: Vordruck mit Leistungsstufen und Verhaltensarten, die angekreuzt werden müssen. Auch mit Auswahlbewertungen. Zur schematischeren, gerechteren Bewertung.

Beurteilungscode: Im Zeugnis dürfen keinerlei Schlüsselbegriffe verwendet werden, die das Zeugnis in einer nicht aus dem Wortlaut ersichtlichen Weise kennzeichnen (§ 113 Abs. 3 GewO). Nicht verboten sind „milde Formulierungen" negativer Aspekte, die den Sinn voll enthalten, wobei aber die Erkennbarkeit erschwert ist.

Beurteilungsgrundsätze: Aufstellung allgemeiner Grundsätze zur Beurteilung von Leistung und Verhalten; bedürfen der Zustimmung des Betriebsrates. Festgelegt werden der Kreis der Beurteiler, der Zeitraum der Beurteilung, die Art der Durchführung und die Auswertung der Beurteilung (§ 83 BetrVG).

Beurteilungsstufen: Gliederung der Beurteilungsmerkmale mit einer Skala, etwa von 1 bis 6, oder, in Worten ausgedrückt, von sehr gut bis ungenügend.

Beurteilungstenor: Gleichlautende Aussagen in mehreren Zeugnissen bei bestimmten Beurteilungsmerkmalen zeigen eine

Richtung und führen zur Vermutung einer bestimmten Qualifikation beziehungsweise besonderen Begabung.

Bewerbungsunterlagen: Satz von Unterlagen zur förmlichen Bewerbung, bestehend aus Anschreiben, Lichtbild, Lebenslauf (handgeschrieben für die grafologische Untersuchung), Schul- und Berufszeugniskopien, eventuell Referenzen oder Arbeitsproben.

Bewertung der Leistung: Gesamtaussage zur Nützlichkeit des Betroffenen im Betrieb, korrigierbar durch Umformulierung oder durch die Reduzierung von Einschränkungen.

Bindung an die Zeugnisaussage: Wenn der Arbeitgeber zum Beispiel Fleiß und Ehrlichkeit bestätigt hat, kann er dem ausscheidenden Mitarbeiter später keine Verfehlung mehr vorwerfen, die ihm im Zeitpunkt der Zeugnisausstellung schon bekannt war. Gleiches gilt zum Beispiel bei einem Zwischenzeugnis und der Kündigung.

Biobogen: Biografischer Fragebogen aus den USA mit Merkmalen, die den künftigen Berufsweg kalkulierbar machen sollen. 70 Ankreuzfragen; Auswertung mit der Schablone.

Charakterbild: Beurteilung des Charakters, zum Beispiel Einstellung zum Betrieb, Einfügung in die betriebliche Ordnung, soziales Verhalten, Eignung zur(m) Vorgesetzten sowie sonstige Qualifikationen. Besonders ausgeprägt bei tabellarischen Zeugnissen.

Dankes- und Grußformel: Schlussfloskel in Zeugnissen, in kurzer Form aus Höflichkeit, in längerer und ausgeprägterer Form Zeichen von Anerkennung.

DAP (Draw a Person) Test: Test zur Feststellung von Eigenheiten der Gesamtpersönlichkeit, vor allem der Ängste und Triebe des Menschen. Angewandt als Zusatzinformation zu Zeugnissen.

Dienstleistungsbericht: Teilweise umfangreicher Fragebogen zur Bewertung des Arbeitsverhältnisses (während dessen Dauer), mit zum Teil erschreckend persönlichen Fragen.

Eignungsmerkmale: Unterteilt in fachliche, physische, psychische und soziale Merkmale, die für eine Position wesentlich sein können.
Fachliche Eignungsmerkmale: Wissen, Kenntnisse, fachliches Können.
Physische Eignung: Muskelkraft, Ausdauer, Funktion der Sinnesorgane, Widerstandsfähigkeit.
Psychische Eignung: Intelligenz, Reaktions-, Konzentrations-, Entscheidungsfähigkeit, Monotoniefestigkeit, Belastbarkeit.
Soziale Eignung: Führungsverhalten, Teamfähigkeit, Verträglichkeit und anderes zwischenmenschliches Verhalten.

Eignungsprofil: Tabellarische Bewertung der Eignungsmerkmale, zum Beispiel für die Bewerberauswahl, auch grafisch dargestellt.

Einfaches Zeugnis: Zeugnis mit allen Daten, jedoch ohne Bewertung von Leistung und Verhalten. Siehe: Arbeitszeugnis, einfaches.

Einmaliger Vorfall: Beispielsweise krankheitsbedingte Leistungsschwäche, die im Gesamtbild unerheblich ist und deshalb im Zeugnis nicht vermerkt werden darf.

Einsicht in die Personalakte: Wenn sich der Arbeitnehmer vergewissern will, wie er beurteilt wird, hat er nach § 83 BetrVG das Recht zur Einsicht in seine Personalakte.

Endzeugnis: Ein Zwischenzeugnis wird während der Arbeitsdauer erstellt; ein End- beziehungsweise Schlusszeugnis nach Ablauf des Arbeitsverhältnisses.

EPPS (Edward Personal Preference Schedule): Misst die Bedürfnisstruktur der Persönlichkeit an 15 Merkmalen; gehört zu den Persönlichkeitstests.

Erfüllungsanspruch: Anspruch des Arbeitnehmers auf ein Zeugnis, auch der auf Änderung beziehungsweise Berichtigung des Zeugnisses.

Erkennbarkeitsgebot: Entspricht dem Verbot von Beurteilungscodes; jede Aussage im Zeugnis müsste von jedermann gleich bewertet werden, jeder müsste die Aussage klar erkennen.

Erlöschen des Zeugnisanspruches: Ist nur durch das „Bewirken der geforderten Leistung", also die Zeugnisausstellung selbst, möglich. Der Anspruch ist nicht erloschen, wenn ein Zeugnis mit Mängeln ausgestellt wurde.

Ermessensspielraum: Der Arbeitgeber hat bei Beachtung der Wahrheitspflicht das Recht, einzelne positive oder negative Leistungen des Arbeitnehmers im Zeugnis mehr oder weniger hervorzuheben.

Ersatzausstellung: Bei Verlust eines Zeugnisses muss der Arbeitgeber infolge seiner Fürsorgepflicht ein neues Zeugnis ausstellen.

Faksimile: Aufdruck einer Unterschrift anstelle der persönlichen Unterschrift mit Tinte oder Kopierstift. Faksimiles sind bei Zeugnissen verboten.

Faktisches Arbeitsverhältnis: Bei einem „nichtigen" oder „anfechtbaren" Arbeitsvertrag ergibt sich ein „faktisches Arbeitsverhältnis", wenn die Arbeitsaufnahme bereits erfolgt (in Vollzug gesetzt) ist, mit „quasivertraglichen" Ansprüchen. Eine

Verpflichtung des Arbeitgebers zur Erteilung eines Zeugnisses bleibt. Ausnahme: Sittenwidrigkeit und Verstoß gegen die Strafgesetze.

Fehlzeiten: Zum Beispiel krankheitsbedingte Fehlzeiten sind im Zeugnis nicht zu erwähnen.

Form des Zeugnisses: Verpflichtungen zur Gestaltung des Blattes, des Aufbaues, der Schrift und Formulierung, der Unterschrift ohne Faksimile; aber auch der Unterschied zwischen einfachem und qualifiziertem Zeugnis.

Formulierungshilfen: Abgestufte Bewertungen und Aussagen, mit denen Zeugnisse aufgebaut werden können. Änderungen und Anpassungen geben trotzdem persönlichen Stil.

FPI (Freiburger Persönlichkeitsinventar)-Test: Persönlichkeitstest, der 12 Eigenschaften misst – entspricht der Lügenskala. Schwerpunkt der Messung ist die Offenheit.

Freistellung: Oft als Umschreibung für Entlassung gebraucht, hier hauptberufliche Tätigkeit als Betriebsrat bei mehr als 300 Beschäftigten. Betriebsratstätigkeit wird im Zeugnis normalerweise nicht vermerkt; lediglich bei längerer Freistellung, wenn keine andere Beurteilungsmöglichkeit vorliegt.

Führung: Äußeres Verhalten eines Arbeitnehmers, Benehmen und Umgangsformen, Teamfähigkeit im Betriebsbereich, wird im Zeugnis – qualifiziert – bewertet; das außerbetriebliche Verhalten beziehungsweise die Führung nur dann, wenn sie das betriebliche Verhalten beeinflusst. Ein Beispiel: geringes Trinken findet keine Aussage, Alkoholismus bei Kraftfahrern ist anzugeben.

Fürsorgepflicht: Anspruchsgrundlage für Zwischenzeugnisse, wenn der Arbeitgeber die Ursache des Stellenwechsels auslöst. Nach dem Ausscheiden kann die fortwirkende Fürsorgepflicht

Ursache für die Erstellung beziehungsweise die Änderung des Zeugnisses sein.

Geheimcode: Formulierungen, die gut klingen, aber „geheime" Aussagen haben. Heute allgemein bekannt und somit Grundlage endloser Arbeitsgerichtsstreitigkeiten. Sollte man endgültig „vergessen".

Genomananalyse: Durch Analyse der in einer Zelle enthaltenen Erbinformationen, den Genen, können Anfälligkeiten gegen Berufskrankheiten erkannt und die Bewerber ausgesondert werden. In den USA üblich, bei uns noch keine Anwendung bekannt. Würde stark in die Persönlichkeitsrechte eingreifen.

Gesamtbeurteilung: Ein qualifiziertes Zeugnis muss Führung und Leistung wahrheitsgemäß aufzeigen. Das Zeugnis muss im Zusammenhang seines gesamten Inhaltes verstanden werden.

Haftung des Zeugnisausstellers:
Haftung gegenüber dem Arbeitnehmer wegen Nichterteilung, verspäteter Erteilung eines Zeugnisses oder der Erteilung eines unrichtigen Zeugnisses, abgeleitet aus dem Schuldnerverzug und der positiven Vertragsverletzung;
Haftung gegenüber dem neuen Arbeitgeber wegen der Ausstellung eines unrichtigen Zeugnisses, wenn diese vorsätzlich erfolgte.
In beiden Fällen Androhung von Schadenersatz.

Haloeffekt: Überstrahlungseffekt, zum Beispiel wenn eine positive Leistungsbewertung Charakterschwächen „überstrahlt".

Kleines Lexikon der Fachbegriffe

Informationen: Arbeitszeugnisse enthalten nur Gruppen von Informationen wie Leistung und Verhalten. Ergänzende Informationen werden durch Auskünfte bei bisherigen Arbeitgebern und beim Bewerbergespräch gewonnen.

Intelligenztests: Bei Personalauswahl und Bewertung nur zulässig, wenn arbeitsbezogene Begabungen getestet werden, etwa Intelligenz-Strukturtests.

Interessen Dritter: Das Zeugnis muss wahr sein, ohne Irrtümer und Mehrdeutigkeiten. Es muss dem berechtigten und verständigen Interesse Dritter dienen, die sich vor Schaden schützen wollen.

Kassenfehlbestand: Ursache genug, den zukünftigen Arbeitgeber zu informieren, dass der Mitarbeiter besser nicht an der Kasse zu verwenden ist. Natürlich muss der Tatbestand zweifelsfrei nachgewiesen sein.

Kündigungsschutzprozess: Arbeitsgerichtsprozess zur Klärung der Richtigkeit der Kündigung. Der Arbeitgeber ist bei einer verhaltensbedingten Kündigung bei der Nachprüfung der sozialen Rechtfertigung vor Gericht an die Aussage eines Zwischenzeugnisses gebunden.

„Kuhhandel": Aushandeln von Zeugnisaussagen in einem persönlichen Gespräch. Sollte sich nicht auf Leistungsstufen beziehen.

Lebenslauf: Heute meist tabellarisch geschriebene, lückenlose Darstellung des schulischen und beruflichen Werdeganges.

Leiharbeitnehmer: Haben gegen den Entleiher keinen Zeugnisanspruch. Der Anspruch kann sich aber bei längerer Tätigkeit aus dem Weisungsrecht des Entleihers ergeben.

Leistungsabfall: Weil das Gesamtbild des Arbeitnehmers im Zeugnis dargestellt werden soll, gehören ein krankheitsbedingter oder ein vorübergehender kurzer Leistungsabfall nicht in das Arbeitszeugnis.

Leistungsbeurteilung: Kann bei Zeugnissen in Worten, in Zahlen mit Aussage oder tabellarisch erfolgen. Siehe auch: Beurteilungsgrundsätze usw.

Leistungstests: Sie prüfen Fachwissen, das zur Ausführung einer bestimmten Tätigkeit erforderlich ist, und zwar im unmittelbaren Bezug zum Arbeitsplatz und seinen Anforderungen.

Lüscher-Farbtest: Verfahren, mit dem unbewusste psychische Tendenzen festgestellt werden sollen.

Mangelnde Überwachung: Diese kann für den Unternehmer zu Schadenersatzansprüchen führen, wenn ein leitender Angestellter zum Beispiel ein falsches Zeugnis schreibt oder eine wesentliche Fehlleistung verschweigt; zum anderen wird ein neuer Mitarbeiter gut überwacht werden müssen. Ein Schaden kann dann auch eher gering gehalten werden, wenn der neue Mitarbeiter gleichartige Fehlleistungen bringt wie im alten Betrieb.

Menschenführung: Die Beurteilung ist eine der Hauptaufgaben. Bei jungen Menschen wird man etwas großzügiger sein, bei Führungskräften sind im Zeugnis die Fähigkeiten in diesem Bereich detailliert zu beschreiben.

Mitarbeiterbeurteilung: Menge und Güte der Leistung, die fachliche Qualifikation, die Arbeitsbereitschaft und das soziale Verhalten sind zu beurteilen. Bei der Willensstruktur ist in Arbeitseinsatz, Übernahme zusätzlicher Verantwortung, Fleiß und Zeitausnutzung, Durchsetzungsvermögen und Grad der Beanspruchung zu unterteilen.

MMPI (Minnesota Multiphasic Personality Inventory)-Test: Enthält als Test 560 Fragen, mit denen Lügen und 10 pathologische Kategorien festgestellt werden sollen.

MPI (Maudsley Personality Inventory)-Test: Test zur Feststellung bestimmter Merkmale einer Gesamtpersönlichkeit, vor allem neurotischer Tendenzen.

Negativaussagen: Sowohl richtige Aussagen über zu geringe Leistung als auch Formulierungen, die gut klingen, aber negative Wertungen enthalten.

Neue Zeugnisformen: Aus den Beurteilungsbögen entwickelte tabellarische einfache oder qualifizierte Arbeitszeugnisse zur schnelleren und sichereren Zeugniserstellung.

Nichtiger Arbeitsvertrag: Arbeitsvertrag mit unkorrigierbaren Mängeln, zum Beispiel Sittenwidrigkeit (§ 138 BGB), Irrtum (§ 119 BGB) oder arglistige Täuschung (§ 123 BGB). Auch bei diesen Arbeitsverträgen wird der Arbeitgeber die Pflicht der Zeugnisausstellung behalten, sofern ein Arbeitsverhältnis zustande gekommen ist.

Ordnungsgeld und Ordnungshaft: Kann verhängt werden, wenn über ausgeschiedene Arbeitnehmer wahrheitswidrige Auskünfte gegeben werden. Im Wiederholungsfalle wird eine einstweilige Verfügung beantragt.

Ordnungswidrigkeiten: Verstöße gegen die Arbeitsordnung im Betrieb, beispielsweise gegen Unfallverhütungsvorschriften. Doch sollen im Zeugnis nur diejenigen Ordnungswidrigkeiten genannt werden, die für die Gesamtbeurteilung von Bedeutung sind.

Probearbeitsverhältnis: Als befristetes Probearbeitsverhältnis oder als unbefristetes Arbeitsverhältnis mit vorgeschalteter Probezeit. Es besteht immer das Recht und der Anspruch auf eine Zeugniserteilung.

Qualifikation: Siehe: Beurteilungen.

Qualifiziertes Zeugnis: Zeugnis, das eine Beurteilung von Leistung und Verhalten enthält. Siehe: Arbeitszeugnis, qualifiziertes.

Rechtsmissbrauch: Eine Partei verstößt gegen Treu und Glauben, wenn sie eine Haltung annimmt, die zu ihrem früheren Verhalten in Widerspruch steht. Das kann zu Verwirkungen von Rechten führen.

Referenzen: Können ergänzend zur Beurteilung herangezogen werden, Aspekte der Eignung verstärken, aber auch, wenn vom Bewerber genannt, nicht unproblematisch sein.

Rorschach-Test: Testverfahren, mit dem man die gesamte Persönlichkeitsstruktur erfassen will.

Rosenzweig PF (Picture Frustration)-Test: Der Test soll die Neigungen zur Frustration und die Aggressionsrichtungen messen.

Rückdatierung: Es besteht kein Anspruch bei der Ausstellung eines Zeugnisses, dass dieses auf das tatsächliche Ende des Arbeitsverhältnisses rückdatiert wird.

Satzergänzungstest: Test zur Feststellung von Neurotizismus und sozialer Anpassungsfähigkeit.

Schadenersatz: Verpflichtung des Zeugnisausstellers, bei Mängeln des Zeugnisses oder verspäteter Ausstellung dem Zeugnisempfänger oder dem neuen Arbeitgeber Schadenersatz zu leisten.

Schönfärberei: Oft festzustellende zu gute Beurteilung, die allgemein zu einer Entwertung der Arbeitszeugnisse führt. Zum anderen verlassen Arbeitnehmer dadurch Arbeitsplätze, neue Arbeitgeber werden getäuscht. Wohlwollen darf nicht mit Schönfärberei verwechselt werden.

16-PF (Sixteen Personality Factors)-Test: Test zur Messung der Gesamtpersönlichkeit mit 16 Faktoren, zum Beispiel Ehrlichkeit.

Sorgfaltspflicht: Weil ein Zeugnis ein bleibender Nachweis einer Tätigkeit innerhalb eines Zeitraumes ist, dokumentarische Bedeutung hat, ist der Aussteller zu großer Sorgfalt bei der Formulierung verpflichtet.

Stellenausschreibung: Veröffentlichung des Bedarfs im Personalbereich, oft mit Stellenbeschreibung verbunden. Der Posten muss zuerst den Mitarbeitern angeboten werden, um eventuell einen Aufstieg zu ermöglichen.

Stellenbeschreibung: Detaillierte Beschreibung einer Position mit Bezeichnung, Unter- und Überstellung, Tätigkeitsbereichen, Vertretungen und anderem mehr.

Straftaten: Sie sind bei der Bewertung der Führung des Arbeitnehmers zu berücksichtigen, wenn sie im Zusammenhang mit dem Arbeitsverhältnis stehen und gleichzeitig arbeitsvertragliche Pflichten verletzt wurden.

Streik: Sollte keine Erwähnung im Zeugnis finden, da beim Streik ein Arbeitsverhältnis nicht gelöst, sondern nur suspendiert wird.

Streitwert: Festlegung nach Abs. 2 ArbGG, § 3 ZPO, etwa bei Änderung oder Berichtigung des Zeugnisses. Maßgeblich ist die wirtschaftliche Bedeutung. In der Regel beträgt die Höhe ein Monatseinkommen.

Stufendefinition: Eine Skala von Stufen, die merkmalspezifisch sind, aus der sich die Formulierungen für die Ausstellung von Arbeitszeugnissen ableiten lassen.

Suspendierung: Höhere Angestellte werden nach der Kündigung freigestellt; sie arbeiten nicht mehr, sind „suspendiert". Keine Erwähnung im Zeugnis.

Szondi-Test: Test zur Messung von erbbedingtem Unterbewusstsein und den Triebbedürfnissen.

Tätigkeitsbeschreibung: Angaben der verschiedenen, vom Arbeitnehmer verrichteten Tätigkeiten sowie eine Beschreibung der innerhalb des Arbeitsverhältnisses beobachtbaren beruflichen Entwicklung.

Tarifvertrag: In Manteltarifverträgen wird oft die Ausstellung von Zwischenzeugnissen vereinbart. Für Endzeugnisse werden Fristen geregelt, innerhalb derer Ansprüche auf Zeugnisse gültig sind.

TAT (Thematic Apperception-Test): Will im Rahmen der Gesamtpersönlichkeit besonders die Umweltbeziehungen erfassen.

Testergebnisse: Am aussagefähigsten haben sich Leistungstests erwiesen, mit denen berufsspezifische Fähigkeiten und Fertigkeiten erfasst werden. Andere Tests und Gutachten sind sehr umstritten.

Textsprache: Ist deutsch, auch bei Ausländern.

Textverarbeitung: Zeugniserstellung mit Textbausteinen ist heute üblich, zum Beispiel die Verwendung von Stellenbeschreibungen zur Arbeitsbeschreibung.

Über- und Unterforderung: Beide verursachen im Unternehmen Spannungen, Unzufriedenheit und das Gefühl von ungerechter Behandlung. Zeugnisse sollen helfen, hier eine reale Grundlage zu schaffen.

Überschrift: In der Regel ist das Zeugnis durch die Überschrift „Zeugnis", „Ausbildungszeugnis", „Zwischenzeugnis" usw. zu kennzeichnen.

Umwandlung des Zeugnisses: Veränderung eines qualifizierten Zeugnisses in ein einfaches mit Neuschrift. Im Allgemeinen nur ein umstrittener Anspruch des Arbeitnehmers.

Unterschrift: Unterschrieben wird vom Arbeitgeber oder seinem Vertreter, dessen Vollmachten klar erkennbar sind. Keine Faksimile-Unterschrift!

Verjährung: Nach den Regeln des BGB verjährt der Anspruch auf Zeugnis nach 30 Jahren; nach allgemeiner Rechtsauffassung wesentlich früher, oft schon nach wenigen Monaten.

Versachlichung der Zeugniserstellung: Kann erreicht werden, wenn systematische Beurteilungsverfahren eingesetzt werden, die für jeden Arbeitnehmer offen und plausibel sind.

Verständiges Wohlwollen: Zeugnisse sollen in verständigem Wohlwollen für den Arbeitnehmer geschrieben werden. Das findet seine Grenzen dort, wo ein zukünftiger Arbeitgeber zu Schaden kommen kann.

Vollständigkeitsgebot: Pflicht des Arbeitgebers, möglichst vollständig Vorzüge und Mängel aufzuführen.

Wahrheitsgebot: Aussagen in Zeugnissen müssen der Wahrheit entsprechen. Sie dürfen nicht so formuliert sein, dass ein unwahrer Eindruck entsteht. Das könnte der Fall sein, wenn für das Arbeitsverhältnis nichtcharakteristische Einzelheiten überbetont würden.

Wartegg-Test: Soll die Gesamtpersönlichkeit, das Gefühl, die Fantasie und den Verstand messen.

Widerruf des Zeugnisses: Ein unrichtiges Zeugnis ist vom Arbeitgeber zu widerrufen, wenn nach der Zeugniserstellung Tatsachen bekannt werden, durch die Dritte bei Berücksichtigung der bisherigen Zeugnisform geschädigt werden könnten.

Zeugnisanspruch: Nach § 630 BGB, § 92 BBG, § 16 BBiG, § 61 BAT, § 113 GewO und Tarifverträgen gegeben.

Zwischenzeugnis: Zeugnis zum Beispiel zur Bewerbung oder bei dem Ausscheiden eines wesentlichen Vorgesetzten. Kann bei Erteilung eines Schlusszeugnisses wieder eingezogen werden.

Register

Alkohol 57
Alkoholismus 174, 213
Anschrift 89
Arbeitnehmervertreter 175
Arbeitsagentur 22
Arbeitsförderungsgesetz 75
Arbeitsverhältnis, befristetes 71
Arbeitszeugnis
–, einfaches 29, 30
–, qualifiziertes 50
Aufgabenbeschreibung 129
Ausbildungszeugnisse 28
Aushilfsarbeitsverhältnisse 75
Aussage, indirekte 102
Ausstellungsdatum 32
Austrittsdatum 28

Baukastensystem 88
Belastbarkeit 106
Berufsausbildungszeugnis 68, 69
Berufsbildungsgesetz 178
Betriebsratsmitglied 32, 175
Betriebsverfassungsgesetz 181
Beurteilung
–, dienstliche 136
–, schlechte 199
–, (s)kriterien 88, 132
–, (s)merkmale 128

–, (s)tatbestand 16
–, (s)verfahren 17
–, (s)zeitpunkt 16
Bewerbungen 19
Bewertung 43
Bundesangestelltentarif 179
Bundeslaufbahnverordnung 179
Bürgerliches Gesetzbuch 177, 183

Code-Formulierungen 168

DAP (Draw a Person) Test 210
Diebstahl 174
Dienstverhältnisse 75
Diktatzeichen 89
Disziplinierungsfunktion 14
Drogensucht 174

Einsatz, positiver 115
Entlassungsgründe 57
Entscheidungshilfe 16
EPPS (Edward Personal Preference Schedule) 211

Facheignung 99
Fähigkeiten, innovative 111
Faksimile 211
Fehlbeurteilungen 17, 23
Formulierungsbausteine 88

Formulierungswirkung 167
Fortbildungsmaßnahmen 61
FPI (Freiburger Persönlichkeitsinventar)-Test 212
Freiheitsstrafe 32
Führungsbereich 132
Führungskraft 111
Führungsqualitäten 20
Funktion, tarifpolitische 14
Fürsorgepflicht 55

Geheimcode 24, 213
Gesamtbeurteilung 40, 136
Geschäftsleitung 131
Gesellenbrief 68
Gesellenprüfung 68
Gewerbeordnung 177
Gliederung 42

Haftung 21, 213
Haftung
–, (s)pflicht 55
Haloeffekt 214
Haupttätigkeit 31

Informationspflicht 22

Karrierebausteine 168
Konfliktzeugnis 102
Krankheit 32
Krankheiten 174
Kreativität 111

Kündigung 94, 96
–, durch den Mitarbeiter 72
–, durch die Firma 74
–, (s)grund 176

Laufbahnfunktion 13
Lebenslauf 19
Leistungen, ungenügende 47
Leistungsanreizfunktion 14
Leistungsbereitschaft 101
Leistungsbeurteilung 42, 97, 102
Lüscher-Farbtest 215

Mehrdeutungen 40
Mindestaussage 33
MMPI (Minnesota Multiphasic Personality Inventory)-Test 216
Monopolisierungsfunktion 13
Musterzeugnisse 115, 117, 119, 121, 123, 125, 127

Negativaussagen 35, 36
Negativformulierungen 187
Negativliste 27
Nichtbeschäftigung 32

Personalakte 211
Personalbewertung 63
Persönlichkeitsbeurteilungen 201
Praktikantenzeugnis 70

Probearbeitsverhältnis 71
Probezeitzeugnisse 28, 71

Referenzen 172
Rentenfunktion 12
Richtigstellung 22

Schadenersatz 173, 185
–, -forderungen 23
Schlechterfüllung 21
Schlusssatz 166
Solidarität 107
Sorgfaltspflicht 40
Spitzenzeugnis,
   qualifiziertes 51
Stellenbeschreibung
   131, 133, 218
Stempel 91, 94
Straftaten 175

Tarifvertrag 219
TAT (Thematic
   Apperception-Test) 219
Tätigkeitsbeschreibung 32, 93,
   130, 219
Tätigkeitsnachweis 28
Teamfähigkeit 20
Titel 31

Überbewertungen 39
Übertreibungen 41

Unterlassungsanspruch 187
Unterschrift 91
Urlaubsvertretungen 132

Verantwortungsbereitschaft
   109
Verhalten 107
Vertrauensbasis 63
Vertrauenswürdigkeit 110
Vertretung 132
Verwechslungsgefahr 31
Volontäre 67

Wahrheitsgebot 221
Wahrheitspflicht 55
Weiterentwicklung 100
Werkstudenten 67
Widerrufspflicht 22
Wohlwollen 22
–, verständiges 220

Zeugnis
–, einfaches 39
–, qualifiziertes 40
–, tabellarisches 76
–, -anspruch 221
–, -entwurf 30
Zusatzaussagen 35
Zwischen-den-Zeilen-Lesens
   197
Zwischenzeugnis 60, 61